Herrin der Tiere

Printed in Austria by Welsermühl, Wels
ISBN 3-7017-0459-7

BARBARA FRISCHMUTH

Herrin der Tiere

ERZÄHLUNG

Residenz Verlag

Keiner weiß, was wirklich ist. Ein Blick, ein paar Fragen, Augenschein ist Bestätigung. Unsere Sinnesorgane seien schuld, sagen die einen, unser Gehirn, unsere Standpunkte. Und die anderen zucken die Achseln. Was ist schon wirklich? Dagegen läßt sich nichts sagen, nur leben.

Noch ist es kalt, morgenkalt. Der Nußbaum zwischen den beiden Reihen der Außenboxen hat bereits Blätter angesetzt. Zu hell ist dieser Morgen, zu hell, und am Vormittag wird das Wetter umschlagen. Das Geräusch der Hufe, die gegen Holzwände krachen.

Ihre Kammer liegt zwischen Stall und Futterküche und hat eine Metalltür, die man beim Öffnen leicht anheben muß. Das Haupttor steht schon offen, Schwalben schwirren ein und aus, und die Hunde jagen sich gegenseitig über die Koppeln.

Immer dieses Sich-anziehen-Müssen vor dem Waschen. In dem Raum vor dem Treppenaufgang befinden sich ein Becken, eine Toilette und eine Waschmaschine, aber da ist kein Fenster. Bodo, der Stallbursche, ist ihr zuvorgekommen, und bis in den ersten Stock schafft sie es nicht mehr. Der fremde Geruch läßt sie erbrechen, sie hält ihren Kopf lange unter fließendes Wasser.

Das Drakul wartet bereits vor der Tür, aber sie hat nicht einmal Lust, ihm den Kopf zu streicheln. Das Drakul gehört ihr, eine sterilisierte Bastardhündin, klein, zottig und scharf.

Feixend kommt der Stallbursch auf sie zu. »Bist du schwanger?« Es würgt sie noch in Gedanken. »Nach dir muß man kotzen.« Er lacht. »Riechst du vielleicht wie ein Veilchen?«
Kaffee. Auf dem Tisch in ihrem Zimmer läuft der Kaffee durch den Filter der Maschine. Essen kann sie erst später. Aber Kaffee. Sie drückt mit beiden Händen gegen das untere Ende der Kondensmilchtube. Auf dem Stuhl liegt noch das gestrige Stallgewand. Die frisch gewaschene Hose ist ein wenig eingegangen, und der Reißverschluß springt wieder auf. Ärgerlich zieht sie den Pullover drüber. Das Stampfen der Tiere wird immer fordernder.
»Zehn schwarze Katzenviecher«, summt sie, »liegen in der Scheun!« Tatsächlich sind es nur sieben. Ein Haufen von sieben schwarzen Katzen auf dem Tisch in der Futterkammer. Während sie den Hafer in die Kübel schüttet, lösen sich Pfoten und zukkende Schwänze langsam aus dem finsteren Knäuel. Der größte der Hunde, ein Komondor mit langen schmutzigweißen Zotteln, zwängt sich zur angelehnten Tür herein und beginnt schweifwedelnd an den zuäußerst liegenden Katzenfellen zu lecken. Der Haufen zerspringt in sieben sich schüttelnde Einzelteile, die durchs Fenster flüchten, bis auf Daponte, einen jungen Kater, der die Gesellschaft des Komondors vorzieht. Der Komondor und er beriechen einander, Daponte beginnt sich zu putzen.
Während sie das Zusatzfutter in den Hafer mischt, läßt sie die Körner durch die Finger rinnen, lustvoll. Sie nimmt zweimal je vier Kübel zugleich, um

die beiden letzten muß sie extra gehen, stellt sie einen nach dem anderen vor den Boxtüren ab und beginnt am äußeren Ende des Stalles mit der Fütterung. Das Schlagen der Hufe klingt bereits nach splitterndem Holz.
Kein Mensch kann wissen, was sie heute nacht geträumt hat. Und wenn sie es jemandem erzählte, fände er nur seine eigenen Bilder für ihre Worte. Aber wie es erzählen? In Worte übersetzt ist es kein Traum mehr. Das Traumartige verschwindet, nur das Fell bleibt zurück, das abgezogene Fell des Traums. Sie fährt mit den Fingern nochmals durch den bereits eingeschütteten Hafer. Das schwarzbraune Pferd, freßgierig, schnappt nach ihr, wenn auch ohne zu beißen. Sie tritt zurück, beobachtet einen Augenblick das in den Barren getauchte, sich füllende Maul, nickt befriedigt.
Die nächste Box. Erzählte Träume sind wie zum Gerben weggegebene Häute. Das Tier, das in ihnen lebte, ist tot. Man weiß nichts mehr von ihm, höchstens wie breit sein Rücken war. Es ist eine Stute, die krank gewesen ist. Sie klopft ihr den Hals, versucht sie zum Fressen zu bringen, indem sie einen Teil der Mischung in die hohle Hand nimmt und sie ihr hinhält. Die Stute drückt mit dem Kopf gegen ihre Schulter, schnuppert an ihrem hochgesteckten Zopf. Langsam nur nähert sie sich der Hand. Ob die Pferde mehr von ihren Träumen wissen? Die Stute bläst in ihre Hand, und das pulverförmige Zusatzfutter verfliegt. Sie schüttelt den Kopf, läßt den Hafer zurück in den Barren rieseln.

Dieses Pferd hat eine Erfindung gemacht. Es verteilt mit dem Maul den Hafer und bläst mit den Nüstern hinein. Der chemische Kraft- und Aufbaustoff verweht, es frißt reinen Hafer. Zu klug zu sein, bringt einen in Schwierigkeiten. Sie lächelt, weiß sie doch Klugheit zu schätzen. Trotzdem wird sie es dem Trainer sagen müssen, am Futterbericht läßt sich nichts fälschen, zuviel hängt davon ab. Eine Leistungssteigerung kostet Geld, und Geschwindigkeit kommt nicht nur aus den Beinen, sondern auch aus der Dose, zumindest nach den neuesten Erkenntnissen der Ernährungswissenschaft beziehungsweise der Futtermittelindustrie.

Durch das selbstgebissene Loch in der Boxwand glurt das Aug des danebenstehenden Hengstes. Gleich darauf ein Schlag, der die Wand erzittern läßt. Sie nimmt den Kübel hinter den Rücken und öffnet die Tür einen Spaltbreit. Der Hengst steigt mit rollenden Augen, hat aber nicht genügend Platz für die eindrucksvolle Gebärde. Sie macht ihre Stimme tief und droht ebenfalls. »Wirst du ...« und »schau nur« und »gehst du auf deinen Platz!« Es gilt, ihn mit dem Kopf zum Barren zu bringen und seiner Hinterhand auszuweichen. Wohl ist er größer als sie, bei weitem stärker, keine Frage, aber auch sie hat so ihre Methoden, und es wäre gelacht, wenn so ein Hengst sich von ihr nicht ordentlich füttern ließe. Da ist er auch schon mit dem Kopf in den Kübel gefahren, während sie den letzten Rest hat einschütten wollen, steigt nun blind, mit dem

Plastikeimer über den Augen, und schleudert ihn mit einem einzigen Ruck über die Boxwand auf den Gang hinaus. Sie redet beruhigend auf ihn ein, dem Ton nach. »Leg doch die Hoden an, Schauspieler, du hast die Szene geschmissen. Und ich sag dir was: bei einer Stute würde man das hysterisch nennen, aber du denkst wohl, das imponiert jemandem. Mir nicht, mein Lieber!« Sie geht vorsichtig zu der Ekke, in der der abgerissene Griff des Kübels liegt, hebt ihn langsam auf und sagt von der Tür her nun in barschem Ton: »Und friß nicht so gierig! Es sind schon welche erstickt daran!«
Das leise Prickeln in einer unklaren Situation, das ist es offenbar, was sie braucht.
Nebenan steht ein kleiner brauner Wallach an der Krippe, leise schnaubend, aber ruhig. Einer der schnellsten, der schon viele Rennen gewonnen hat; sein Ehrgeiz saß nicht in den Hoden. Verträumt, ja geradezu verträumt, obgleich hungrig. Eine Weile schaut sie ihm zu, wie er verspielt am Kübelrand knabbert, den sie noch immer am Barren aufgestützt hat, und lustvoll am Futter riecht, bevor er sich mit den Lippen die Körner ins Maul schiebt. Der beruhigende Geruch seines trockenen Fells. Er duldet, daß sie die Hand auf seine Kruppe legt, selbst wenn er frißt. »Meister«, sagt sie, »Kleiner Meister, in deinem Traum käme ich gerne vor.« Und sie sieht sich mit ihm an einem Sonntag, den es nie gibt, in einem kleinen Zweisitzer zu einer entfernten Kirche fahren. »Du hast Messingplättchen am Geschirr, und ich trage vielleicht einen Hut und

hänge mir die ersten Kirschen über die Ohren. Wäre das was?«
Sie merkt, daß er selbst im Stehen hinten abwechselnd schont, weil der Schmied ihn zu tief ausgeschnitten hat. An einem Pferd stinkt nichts, sie fährt mit der Hand über seinen Rücken, im Zweifelsfall Huffäule.
Der letzte auf dieser Seite, Urania. Welch ein Name für einen kastrierten Hengst. Er war bereits klinisch tot, als man den Darmstein entfernen konnte. Eineinhalb Meter Darm haben sich aus seinem After gestülpt – durch ein Mittel, das man aus Frankreich importiert –, und er ist doch wieder lebendig geworden. Nur der zu kurz gestutzte Schweif erinnert noch daran. Der Besitzer hat sich den Darmstein schleifen lassen, helle und dunkle Ringe in unregelmäßiger Maserung. Jetzt liegt er im Salon, in einer Vitrine.
Urania, der Langsamfresser, als hätte er im Augenblick seines ersten Todes erkannt, wie alles zusammenhängt. Diese Erfahrung ist eine Welt wert. Ein gestorbenes Pferd, das auf sein nächstes Rennen vorbereitet wird.
Gegenüber die Füchsin, Plurabella, Schönheit mit miesem Charakter. Ein Pferd, das im Kreis geht. Sie mit dem Kübel voran oder hinten nach. »Bellissima«, sagt sie, »ich bin es leid.« Aber drei Runden werden es immer, bis die an der Boxwand steht, den Kopf am Barren. Unberechenbar, denn die Füchsin schlägt. Aber nur, wenn keiner dran denkt. Den Lehrling hätte es beinah das Knie gekostet, jetzt

vergißt er nicht mehr. Und doch, das Fell von solchem Glanz, die hellrote Mähne, jetzt fällt auch noch Sonne drauf.

»Und du weißt es«, sagt sie, »du weißt es!« Sie schreit fast. Das Pferd hebt den Kopf, hört einen Augenblick mit den Zähnen zu mahlen auf. Eine anmutige Drehung des Halses zu ihr hin, nur ein ganz klein wenig von oben herab, aber dennoch deutlich. »Das ist es ja«, sie bewegt sich rückwärts zur Tür, den Kübel unter dem Arm, »nämlich daß du es auch noch weißt.«

Wie ein Überfall dieses Meckern. Die Ziege weiß genau, wann sie an der Reihe ist. In dem Augenblick, in dem sie die Box der Füchsin schließt und den vollen Kübel aufhebt, beginnt die Ziege zu meckern. Meckern? Das Schreien eines gierigen Kindes, das angesichts der Mahlzeit die Nerven verliert. Das dazugehörige Pferd, von der Ziege in die Ecke gedrängt, schwingt lustlos den Kopf hin und her. Es webt. Ein schlechter Fresser mit einem Gewährsmangel. Hoffnungslos. Es sei denn, es hilft die Ziege.

Der Bauch der Ziege steht ab wie eine Kugel. Sie kniet im Barren und wartet röchelnd auf das Futter. Manchmal fängt ein Pferd mit einer Ziege in der Box wieder zu fressen an, wird futterneidig und auch sonst gesund. Ein Weber, heißt es, leidet an Langeweile. Die letzte Ziege mußte gerettet werden, so gesund war das Pferd plötzlich geworden. Aber dieses Pferd hängt an seiner Ziege, und wenn es im Training gefahren wird, meckert sich die

Ziege fast zu Tode. Gelegentlich frißt das Pferd auch, wenn die Ziege sich nicht mehr rühren kann, jedoch nach wie vor lustlos.

Der andere Hengst schräg gegenüber – niemals nebeneinander. Durch die Gitterstäbe oben an den Boxtüren drohen sie einander manchmal, ohne sich stellen zu müssen. Ein schweres Tier, aber vollkommen in den Proportionen, und schnell. Mit einem Anflug von Ritterlichkeit, Hermes. Weil das Alphabet sich durch die Jahrgänge zieht, nicht gerade zwingend, aber als Konvention verläßlich. Hannibal, Hephaistos, Höhenflug, Hans im Glück, Herkules, Habsburger, Hunor, Hindenburg, Heidebaron. Dies hier ein Hermes mit Flügeln an den Hufen.

»Mein Freund«, sie sagt es fast ungläubig, »warst du heut in meinem Traum?« Nur annähernd. Der weiße Fleck auf der Stirn war nicht stern- sondern schwertförmig. Der Reiter trug kein Gesicht. Überragend und mit umfassender Geste, dunkel und wachsend, aber gesichtslos. »Weißt du, wer das war? Ist sein Name in deinem Schädel begraben?« Dieser Anflug von Ritterlichkeit, verhalten und doch gespannt. »Wenn du und ich nämlich dasselbe geträumt haben, besteht die Möglichkeit eines Zusammenhangs. Und ein entdeckter Zusammenhang ist das erste Zeichen von Klärung. Wie aber könnte ich in deinem ...« Der von gewaltigen Knochen umschlossene Kopf fährt plötzlich in die Höhe, gibt Laut, und selbst von den Ställen auf der drüberen Seite kommen noch Antwortschreie. Ein

Hengst, der zuerst grüßt, bevor er sich über seine Frühmahlzeit macht. Also kommt vor dem Fressen doch noch was?
Sie geht zur Seite, der allmorgendliche Blick aufs Ganze, ob ein Pferd lahmt oder sonst eine sichtbare Veränderung aufweist, ob die Bandagen – so es bandagiert ist – sich verheddern, oder gibt es kleine Fleischwunden, von den eigenen Hufen bei Renntempo zugefügt, und verheilen sie entsprechend?
Ein Pferd, das so gut wie keine Probleme mit seinen Beinen hat; sie läßt es sich nicht nehmen, daß das die stimmigen Proportionen sind, die französische Linie, durch bescheideneres Blut in den Knochen verstärkt. Nur der Schweif müßte längst wieder gestutzt werden. Hermes, manchmal bedeutet schon Verhaltenheit so etwas wie Zauber. Fressend und doch wie selbstverständlich tritt er einen Schritt zur Seite, als sie die Box verläßt.
Frankie, der Clown, und Frankie, das Monster, je nachdem von welcher Seite man ihn anschaut. Eine Verletzung am Aug, recht und schlecht verheilt, verleiht ihm das Dräuende, ansonsten weiches, schwarzes, noch junges Fell, mit einer leicht gekräuselten Stirnlocke und lächerlich langen Ohren. Das einzige Pferd, das sich auf die Hinterhand stellt, um vom Baum am Rande der Hofkoppel die Blätter zu fressen, und das den Koppelzaun überspringt, ohne fortzulaufen. Man findet es wieder vor dem Küchenfenster, bettelnd, oder vor der Scheune auf der Suche nach Heu. Das einzige

Pferd, das es fertigbrachte, im Rennen beim Start mit solcher Bestimmtheit in die falsche Richtung zu laufen, daß der Fahrer, vollkommen verdutzt, es erst nach einigen hundert Metern abfangen konnte. Möglicherweise auch das einzige Pferd, das dabei beobachtet wurde, wie es andere zu Schabernack anstiftete.
Frankie steht da mit einer grünen Bandage im Maul und will sie ihr nicht geben. Wie er das nur geschafft hat? Wenn sie sie nicht selber gewickelt hätte, würde sie an Schlamperei glauben. »Lach nicht so blöd«, sagt sie, als sie ihn, gefräßig wie er ist, mit dem Futter überlistet. Wie die Bandage jetzt klebt. Sie wirft sie in den leeren Kübel. Da dreht Frankie ihr sein monströses Aug zu, als schnitte er ihr eine Grimasse. Jetzt ist sie es, die lacht, und es fehlte nicht viel, daß sich eine bauchredende Stimme aus ihm erhebt, die nun gleichfalls beanstandet: »Was lachst du denn so blöd?«
Frankie hat einmal versucht, ein Stück von ihrem Zopf abzubeißen, und sie eine Weile daran festgehalten. Das passiert ihr nicht wieder. Auch ist es ihm gelungen, sie in die ausgestreckte Handfläche zu zwicken, eine einsame Leistung. Insgesamt überwiegt jedoch der Clown, charaktermäßig.
Das Beste immer am Schluß, ihr Hätschelkind, die vollkommene Verkörperung von Staunen, Neugier und Liebesbedürftigkeit in einem Pferdeleib. Ein Wesen, wie es nur alle zehn Jahre in einem Stall vorkommt – so die Worte des Trainers, der nicht zum Schwärmen neigt –, mit hellbraunem Fell,

leuchtend wie das türkischer Märchenpferde, die sich von Honig und Haselnüssen nähren. Eine Lichtgestalt mit dem eingetragenen Namen *Xanthippe*, Opfer der alphabetischen Jahrgangsnamen. »Was wollen Sie«, hat sich der Züchter verteidigt, »Xanthippe heißt blondes Pferd.«

»Braves Mädchen«, sagt sie, während sie mit einem Büschel Stroh die letzten Körner des Abendhafers aus dem Barren fegt, bevor sie frischen einschüttet. »Ein gutes Mädchen, hat alles ausgefressen.« Das Pferd schaut mit Interesse zu, nähert sich schnuppernd, läßt sich dabei den Hals streicheln, wartet aber noch mit dem Fressen, so als stünde Verschiedenes zur Auswahl, tastet dann mit der Nase ihr Gewand ab, als käme das eigentliche Futter erst daraus zum Vorschein. Tatsächlich gibt es plötzlich eine Karotte, aber Xanthippe schnuppert nur daran und sucht weiter.

»Hat dir schon wieder jemand heimlich Zucker gegeben?« Sie ist empört. Außer dem Trainer und dem Besitzer hat niemand etwas bei den ihr anvertrauten zehn Tieren zu suchen und schon gar nicht deren Gesundheit zu gefährden. Aber manchmal sind die Besitzer selber so blöd.

»Da hast du eine Karotte.« Das Pferd nimmt sie gehorsam ins Maul, spuckt sie aber gleich wieder aus, als wäre sie ein gefährlicher Gegenstand, schaut sie aus einiger Entfernung mit großen Augen an, schnappt dann nach ihr und zerbeißt sie blitzschnell.

»Schmeckt herrlich«, redet sie Xanthippe zu.

Orangeroter Saft tropft von den Lefzen des Pferdes, es fährt mit den Lippen über den Barrenrand, eine Geste, als wische es sich das Maul, erst dann taucht es in den Hafer.

»Ob ein Traumwesen wie du viele Träume hat oder bist du ganz traumleer, da die anderen dich dir fortträumen?«

Sie klaubt ein paar Strohhalme aus der Selbsttränkanlage, prüft den Schwimmer und preßt mit der Hand das alte Wasser, in dem die paar Strohhalme lagen, aus dem kleinen Becken. Erst jetzt bemerkt sie eine der Katzen, die wohl unter dem Barren auf der Lauer gelegen war – die Mäuse bewegen sich ungeniert in den Boxen beim Einsammeln der herabfallenden Haferkörner – und die sich jetzt auf den Rücken legt, um am Bauch gekrault zu werden. Sie bückt sich. Die Katze ist schon wieder trächtig. Sanft streicht sie über den nach zwei Seiten auseinanderfallenden Mutterleib. Eine ungeschickte Bewegung, und die Katze würde sie beißen. Aber sie kennt sich aus, und die Katze weiß das.

Mit selbstvergessen mahlenden Zähnen schaut das Pferd neugierig zu, kommt einen Schritt näher, und schon steht die Katze wieder auf den Beinen. Das Pferd senkt den Kopf, ganz tief, und die Katze stellt den Schwanz hoch, als hätte sie nichts dagegen, vom Maul des Pferdes am Rücken gestreichelt zu werden. Ob selbst Katzen dem Zauber erliegen? Da das Pferd den Kopf wieder hebt, streicht die Katze nun ihr um die Beine und ist dann mit einem Satz auf dem Stallfenstersims.

»Zehn schwarze Katzenviecher«, summt sie, »schlafen in der Scheun...« und beginnt die am Gang abgestellten Kübel wieder einzusammeln.

Noch immer treibt der Wind mit Dünger vermischten Ackerstaub, der das Unkraut an den Mauerrändern emporschießen läßt, gegen die Stallwände. Vor ein paar Wochen, als die Bauern auf ihren Traktoren mit der großflächigen Düngung begannen, kamen manchmal große Plastiksäcke durch die Luft geflogen. Und von den Chemikalien, die sie noch immer enthielten, tränten ihnen die Augen.
Im Wirtshaus hat sie dann einen der Bauern daraufhin angesprochen. Der hat einen Taschenrechner aus der Jacke gezogen und ihr vorgerechnet, wie hoch der Ertrag eines Feldes sein müsse, damit sich der Anbau in dieser Gegend überhaupt rentiert. »Schauen Sie«, hatte er gesagt, »keiner von uns kann sich mehr einen Knecht leisten. Dafür sitzt jeder aus der Familie auf seinem eigenen Traktor. Wir haben komplett umgestellt, die Felder sind groß, das steigert den Ertrag, und der Ertrag muß steigen, sonst können wir unsere Maschinen nicht bezahlen. Da ist keine Zeit mehr für Vieh. Höchstens zur schnellen Mast, bei Hühnern und Schweinen, die als Schlachtvieh verkauft werden. Stechen tun wir auch nicht mehr selber, höchstens für den Eigenbedarf, denn mehr als eine halbe Sau und ein paar Hühner bringt keiner in seine Tiefkühltruhe. So groß sind die Familien nicht mehr. Ist auch gut so. Hier kann ein Bauer nur überleben, wenn er viel Grund hat und niemanden auszahlen muß.«
Vor ihr liegt meterhoch der Roßmist, längst über die dafür angelegte Grube und deren Umfassungsmauer hinausgewachsen, und stört die Nachbarn.

Einer der Bauern bringt manchmal eine Fuhre weg, für Geld, und kippt sie außerhalb des Dorfes auf die Müllhalde. Früher haben die Champignonzüchter den Mist gekauft, aber die einheimische Zucht hat mit der ausländischen Konkurrenz nicht Schritt halten können. Und was einzelne Gärtner in ihren Kombiwagen holen, vermindert nicht einmal den Zuwachs eines Tages.

Die Truhe ist voll beladen, die Gabel steckt obendrauf, und ihr Stiel vibriert beim Fahren. Es braucht gehörige Kraft, um die Truhe über das als Steg gelegte Brett nach oben zu schieben, auf den Gipfel des Mistbergs. Der Schweiß bricht ihr aus bei dem großen Stoß, mit dem die letzte Steigung genommen werden muß. Ratten springen unter der Last auf und wühlen sich sogleich in den frischen Mist, den sie mit der Gabel ablädt, bis die Truhe leicht genug ist, daß sie sie kippen kann.

Alles eine Frage der Einteilung. Wenn sie täglich zumindest den groben Mist fortschafft, genügt eine Truhe für zwei Boxen, das heißt fünfmal fahren, nein sechsmal, wenn sie jeden Tag eine Box gründlich macht. Also zwei Boxen gründlich pro Tag, das heißt sechsmal fahren. Einmal die Woche muß jede Box gründlich gemacht werden. Bei den anderen nur den schweren Mist, der meist in einer Ecke liegt, einsammeln und dann drüberstreuen. Es geht nicht an, ein Pferd in wochenaltem Stroh stehen zu lassen, das widerspricht den Gestütsregeln. Auch spielt es eine Rolle, wie lange die Tiere in den Koppeln sind. Dennoch gibt es Pferde, die von draußen hereinkommen und sofort misten, als hätten sie Angst vor der Weite für ihr Geschäft.

Sie hat auf den Boxen bestanden, die auf der anderen Seite gegen die Felder zu liegen, so muß sie mit der Truhe jedes Mal durch das ganze Stallgebäude fahren. Sie hatte sich eingebildet, es würden sich – vor allem im Winter – weniger Ratten an den Hunden vorbei bis zu ihren Boxen wagen, und im Frühsommer sollten die Gelsen auf dem Weg vom Misthaufen bis zu ihrem Stall von den Schwalben gefressen werden. Was die Ratten anging, hatte ihre Erwägung einigermaßen gestimmt, aber die Gelsen waren einfach überall. Vor ein paar Tagen, nach dem ersten warmen Regen, waren sie über alles hergefallen, Tier und Mensch, bis diese blutig gestochen, mit verschwollenen Gesichtern und pausenlos rauchend, nicht mehr den Mut fanden, Einspruch zu erheben, als der Trainer Giftstreifen aufhängen ließ. Angeblich würden die Schwalben überleben, wenn auch nachts zwei der Stalltüren offenblieben, aber ob sie wiederkamen, war die Frage. Ihr Bruder, der Medizin studierte und gerade sein Klinikum machte, schickte ihr eine Packung Vitamin B, aber da war das Schlimmste schon vorüber, Schwalben und Giftstreifen hatten ihre Wirkung getan. Sie nahm die Pillen dennoch und hängte dafür heimlich die Giftstreifen in ihrem Stall ab. Der Lehrling aber hatte eine Blutvergiftung, weil er sich mit den Mistfingern die Gelsenstiche aufgekratzt hatte.

Es sind Laras Boxen, die so nah am Misthaufen

liegen, daß sie mit der Scheibtruhe nur über den Verladeplatz fahren muß. Aber sie würde nicht tauschen wollen, weder mit den Boxen noch mit Lara selber. Lara mit dem finsteren Gesicht, trotz des grünen Blicks und des langen, wie Kupfer glänzenden Haars. Ihr Vater war Russe, die Mutter Ungarin, und sie ist schon vor langer Zeit ins Land gekommen.

Lara geht bereits den zweiten Tag mit rotgeweinten Augen. Wieder hat ein Pferd, an dem Laras Seele hing, den Besitzer gewechselt und damit auch den Stall. Sie macht den Trainer dafür verantwortlich, er habe den Besitzer, einen dummen Menschen, gereizt und damit den Verkauf des Pferdes provoziert, sagt sie, das hätte er doch wissen müssen. Seither spricht sie nicht mehr, antwortet nur, wenn man sie fragt, und das widerwillig. Lara redet auch sonst wenig, hat angeblich ihre Muttersprache vergessen, und nur abends, wenn man an ihrem Zimmerfenster vorübergeht, kann man ihre Stimme hören. Sie lernt Italienisch und memoriert die Vokabeln.

Lara war schon da, als sie ins Gestüt kam, und eine Weile ist es ganz gut gegangen zwischen ihnen, bis sie dann über ein Paar Pferdegamaschen miteinander in Streit gerieten, das verschlampt zu haben sie einander vorwarfen. Danach hatte sich Lara zurückgezogen, wie sie es angeblich immer schon, auch nach der kleinsten Verstimmung, getan hat, mißtrauisch, wie sie ist, und sich nur mehr über das Nötigste mit ihr unterhalten. Einzig mit der Freundin des Trainers sitzt Lara manchmal in der Halle drüben, trinkt Kaffee und redet, wie sie sonst mit niemandem redet, aber sobald sich jemand dazusetzt, verstummt sie wieder.

»Wie weit bist du?« fragt sie im Vorübergehen. Lara richtet sich auf, späht aus der Box, in der sie gerade arbeitet, und stützt sich auf die Mistgabel. »Bald fertig.« In ihrer Übellaunigkeit spricht sie mit Akzent. »Hab ja einen weniger.« Hat wohl absichtlich *einen* gesagt. Das Pferd, das verkauft wurde, war ein schlanker, schwarzer Wallach, der in der Koppel noch immer die Stuten zusammentrieb, obwohl er schon längst kastriert war.

»Dann kannst du ja frühstücken gehen«, sagt sie, ohne es zu wollen. Laras Blick wird noch düsterer.

»Ich geh, wann ich will, aber ich will nicht.«

Auch gut. Sie nimmt die Truhe und schiebt sie zu ihren Boxen. Die Pferde sind in den Koppeln, bis auf die, die eingespannt werden. Bei ihr sind es heute drei. Wenn das frische Stroh eingeschüttet ist, kommt noch ein Ballen Heu dazu, von dem sie erst die Schnüre lösen muß. Manche Bauern verwenden die Schnüre wieder, wie lange wohl noch?

Sie neigt dazu, die Truhe zu überladen, da sie sich für kräftig genug hält. Da kann es geschehen, daß sie auf dem Weg zum Misthaufen Mist verliert, und Lara wird wütend, weil sie ihre Stallgasse womöglich schon gekehrt hat. Insgesamt ist Lara schneller als sie, das muß sie zugeben, auch pedantischer. Aber *sie* fährt in den Rennen und würde, wenn die Welt gerecht wäre, zu den Fahrern zählen. Lara ist

nur Pferdebursch, Pfleger, wie es auf dem Papier heißt. Aber das besagt, an den Umständen gemessen, gar nichts. Sie muß trotzdem ihre zehn Boxen machen, ob sie fährt oder nicht, auch wird nach Boxen entlohnt. Genaugenommen ist sie auch nicht Fahrer, sondern Pfleger und Lehrling. Sie war Fahrer, Amateurfahrer, und es bedurfte einer Sondergenehmigung, damit sie mit achtundzwanzig noch ein Lehrverhältnis eingehen konnte, zusätzlich zu ihrem Vertrag als Pfleger. Die anderen halten sie deswegen für verrückt. Welche Chance sie sich dabei ausrechne, wird sie manchmal gefragt. »Gar keine.« Die einzig mögliche Antwort. Und um allen weiteren Bezichtigungen zuvorzukommen: »Ich bin stur wie ein Bock.« Darum nennt der Trainer sie auch manchmal *Böckin.*
Zwei der drei vorgeschriebenen Lehrlingsrennen hat sie schon gewonnen. »Schiebung«, sagte der Lehrling. »Man hat dich gewinnen lassen.« Sie hat ihm eine Ohrfeige gegeben, keine feste, dazu ist er schon zu groß, und er hat sie ihr auch nicht übel genommen, der Spaß war's ihm wert.
Es ist ihr wichtig, die Berufsbezeichnung Fahrer zu erlangen, auch wenn ihr nur wenige Besitzer ein Pferd im Rennen anvertrauen werden. Ihr eigenes gehörte ihr nur zur Hälfte, und selbst diese Hälfte hat sie verkaufen müssen, als Anzahlung für das Fohlen, das ein gutes Rennpferd zu werden verspricht, zumindest abstammungsmäßig. Aber da vergehen wohl noch zwei bis drei Jahre, bis sich das zeigt.

Vorsichtig schiebt sie die letzte, übervolle Truhe in Richtung Misthaufen. Vor ihrer Kammertür liegt eine tote Ratte, das Drakul sitzt schweifwedelnd daneben und wartet auf seine Belobigung. »Braver Hund.« Sie stellt die Truhe ab und streichelt die sich vor Stolz ihrer Hand zukrümmende Hündin. Heldenmütige kleine Person. Nur sie legt sich mit Ratten an und muß ihre Beute auch noch vor den anderen Hunden in Sicherheit bringen, die den Kadaver vergraben wollen wie einen Knochen. In einem unbeobachteten Moment vergräbt ihn das Drakul dann selber. Den Komondor hatte es bereits dazu gebracht, ihm die Ratten wenigstens zuzutreiben, direkt ins aufgesperrte drakulische Gebiß. Bis einmal eine Ratte sich stellte und den Komondor an seiner empfindlichen rabenschwarzen Schnauze verletzte. Seither schaut er in die andere Richtung, wenn eine Ratte über den Verladeplatz flitzt, und Werwolf, der mit einem Riesenschnauzer vermischte Schäfer des Stallburschen, ist nur an den Fasanen interessiert und heult, wenn er sie in ihren Schlafbäumen wispern hört, nachdem sie ihm den letzten Bissen aus der Schüssel gestohlen haben, den er sich jeweils für die Nacht zurückläßt.
»Braves Drakulinchen«, sagt sie zum Drakul, als sie die tote Ratte lange genug bewundert hat. »Schaff sie fort, jetzt sieht es niemand.« Und tatsächlich zeigt sich keiner der Hunde. Sicher lauern sie vor der Hallentür und warten auf die Reste des Frühstücks. Nur zögernd schnappt sich das Drakul den Kadaver wieder und trabt dann mit hochgestellten

Ohren in Richtung Misthaufen, wo es lange nach einem geeigneten Platz sucht, bis es endlich am Fuß der Mauer, unter dem Brombeergestrüpp, zu scharren beginnt.

Steppe. Das sagt sich so einfach, dazu fehlen hier die Ausmaße. Streckenweise Versteppung bezeichnet schon eher die Art, in der diese Landschaft verkommt. Sinkender Grundwasserspiegel, beim Verbrennen von Stroh versengte Windschutzgürtel, abnehmende Niederschlagsmengen, Folgen der vorangegangenen Flußregulierung? Das tote Reh hängt noch immer in dem Maschenzaun, der hier, und nur an dieser Stelle, das Stückchen wiederaufgeforsteten Kiefernwald von den Feldern trennt. Von den Bauern hat sich wohl keiner getraut, es rechtzeitig abzunehmen, und die Tierkörperverwertung ist noch nicht vorbeigekommen. In einem der Nachbarorte gibt es einen Safari-Park, aber wenn das Reh nicht bald geholt wird, fressen es höchstens noch die Hyänen. Es ist wohl vor einem Traktor, der lange ruhig gestanden war und dann plötzlich den Motor angeworfen hat, davon und in den Zaun geflüchtet, aus dem es sich nicht mehr hat befreien können. Möglicherweise hat es vor Schreck der Schlag getroffen, oder es hat sich bei dem Versuch, freizukommen, derart verletzt, daß es verblutet ist.

Sie traben an, damit die Pferde so rasch wie möglich daran vorbei sind. Schmeißfliegen, und was sonst noch auf dem Aas hockt, schwirren auf, verfolgen sie, saugen eine Weile am Pferdeschweiß und kehren dann zu Nahrhafterem zurück.

Auch bei den Pferden machen es die Bauern manchmal so, daß sie sie ganz nahe herankommen lassen, um sie dann durch plötzlich einsetzendes Tuckern zu erschrecken. Sie lachen, wenn eines durchgeht und durch die Felder prescht, aber gerade das ist der Stein des Anstoßes, warum sie es angeblich nicht gerne sehen, wenn Pferde in der Gegend sind. »Die gehen durch und vernichten die Frucht«, sagen sie. Die alten Anschuldigungen, Ackerbauern gegen Viehzüchter und umgekehrt. Im großen und ganzen ist das Verhältnis leidlich. Es gibt auch Bauern, die am Gestüt verdienen, das lockert den täglichen Umgang im Wirtshaus, und wenn eines der Pferde im Rennen gewinnt, steht es in der Zeitung.

Sie sind zu viert. Der Trainer, ein Amateurfahrer, der jetzt zweimal die Woche trainieren kommt, der Lehrling und sie. Die drei im Sulky, sie im Sattel. Der Kleine Meister soll die Hinterhand schonen, also muß er mit dem Sattel Kondition machen.

Sie haben einen flachen Bogen durch die Felder geschlagen, sich genau an die Wege haltend, die der Bürgermeister ihnen als Zubringer ausgezeigt hat. Einmal müssen sie die Straße überqueren, dann erst kommt man zur Bahn.

Die Rohre für die russische Erdgasleitung liegen neben ausgehobenen Gräben und sollen demnächst versenkt werden. Vor der Straße sind nur ein paar Bretter über den Graben gelegt, und sie müssen vorsichtig, einer nach dem anderen, die Räder entsprechend setzen. Sie macht sich den Bügel lang, steigt ab und führt den Kleinen Meister, der bodenscheu ist, am Zügel hinüber. Nicht mit jedem Pferd ließe sich das machen, unterwegs ab- und wieder aufzusteigen, aber der Kleine Meister bleibt gelassen.

Gerade als sie aufsitzen will, kommt ein Lastwagen angefahren, einer von den ganz großen, ein Sattelschlepper. Sie klopft den Hals des Pferdes, fürchtend, es könne in den Graben zurückweichen, aber zum Überqueren der Straße ist es zu spät, bei dem Tempo, mit dem die auf den wenig befahrenen Überlandstraßen dahindonnern. Nichts geschieht, und sie sitzt erleichtert wieder auf. Eine Pfütze kann dieses Pferd erschrecken, einen Sattelschlepper ignoriert es. Was dem einen sein Nashorn, ist dem anderen seine Maus.

Nur vereinzelt noch Kiefern, Ebereschen, Schlehen, dann die Sanddünen, überwachsen mit blühendem Wollgras, eine weiße im Wind wehende Mähne, und wo sie den Boden freigibt, heideartiges Unterkraut, ochsenblutfarbene Gräser, dazu Punkte von Gelb und dunkelrosa Gesprenkeltes. Erst in Rumänien soll es wieder einen ähnlichen Boden geben. Es ist alles Naturschutzgebiet. Die Trainingsbahn gibt es schon von altersher, sie ist nur lange nicht benutzt worden, und deswegen hatten die Behörden auch gezögert, wieder Pferde auf der Bahn zu genehmigen. Eine Flora und eine Fauna wie diese seien eben einmalig.

»Soll sein«, hat der Trainer damals, nachdem er das Gestüt übernommen hatte, angeblich zu dem begutachtenden Landschaftsschützer gesagt, »aber wen stören die Pferde? Hier hat es immer Pferde gegeben, ohne Pferde fehlt dieser Landschaft etwas. Der Naturschutz redet vom Artenreichtum, aber wer sagt, daß der ohne Roßknödel zunimmt? Haben nicht verschiedene Pflanzen und Käfer den Pferdemist längst in ihre Nahrungskette aufgenommen?« Der Natur- und Landschaftsschützer soll erst stutzig geworden und dann mit dem Trainer im Fohlenwagen auf die Bahn hinausgefahren sein. Denn natürlich wurden die Pferde auch schon vor der Zustellung des offiziellen Bescheides trainiert, war es doch ein Gewohnheitsrecht, das nicht gegeben, nur genommen werden konnte.

Wie der Trainer vorausgesehen hatte, konnte auch der Landschaftsschützer nicht herausfinden, wen die Pferde tatsächlich störten. Aber es war ihm aufgefallen, daß die Bauern viel zu nah ans Naturschutzgebiet heran geackert hatten und mit ihren riesigen Maschinen darauf wendeten, wobei sie breite Furchen in den weichen Sandboden gruben.

Aber selbst der Natur- und Landschaftsschutz darf es sich mit den Bauern nicht verderben, so sehr ist er darauf angewiesen, daß die Bauern die verschiedenen Projekte unterstützen. Im Dorf befindet sich eine Außenstelle eines Instituts, das sich mit der Aufzucht künstlich ausgebrüteter Trappen befaßt, die dann in der ihnen natürlichen Umgebung ausgesetzt werden sollen. Wenn die Bauern, die zugleich Jäger sind, sie aber heimlich abschießen, ist alles vergebens gewesen. Auch erwartet man von ihnen, daß sie das Rotwild und die Auhirsche nicht überhegen, damit der Baumbestand nicht darunter leide.

In dieser Gegend zählen in Wirklichkeit nur die

Bauern. Als sie hierhergekommen war, hatte sie sich über die stets geschlossenen Hoftore gewundert und über den spürbaren Vorbehalt in den Blikken der Menschen. »Was wollen Sie«, hatte der Gemeindesekretär, der im Urlaub große Reisen macht und öfter ins Gestüt kommt, gesagt, »das sind Grenzlandbauern. Zu viele Heere sind hier schon durchmarschiert. Und wer Krieg und Plünderungen überlebte, wurde von der Herrschaft drangsaliert. Das prägt.«
Der geschotterte Weg endet mit den Äckern. Der Trainer, der neben dem Amateurfahrer im Schritt gefahren ist, um sich mit ihm zu unterhalten, sagt an, in welchem Tempo die Pferde bewegt werden sollen und nach wievielen Metern das Tempo erhöht wird. »Im Pulk bleiben«, ruft er, »und nur die letzten fünfhundert Meter schnell!« Dann zieht er an die Spitze. Je näher die Bahn kommt, desto unruhiger werden die Pferde, sie sind aufgewärmt und verlangen nach Tempo. Selbst der Kleine Meister hängt den Kopf in die Zügel und schnaubt. Der Augenblick der Konzentration, ein letztes Überprüfen der Bügel. Worte, die beruhigen sollen, dann erreicht der Sulky des Trainers die Bahn, ein Oval von nicht ganz drei Kilometern Länge aus Natursand, ein weicher Belag, der Hufe und Gelenke schont. Die ersten paar hundert Meter ein hartes Stück Arbeit. »Langsam anfahren!« heißt die Order. Die Pferde sind kaum zu halten, aber der Trainingsplan muß befolgt werden. Das Pferd des Lehrlings versucht auszubrechen. »Ho, Burli, ho«, ruft

der Trainer hinüber und versucht dann, es mit seinem eigenen Pferd aus der Spur zu drängen. Ein riskantes Manöver, wie im Rennen, das Pferd des Lehrlings springt ein. Es ist nicht leicht, ein Pferd wieder abzufangen. Nach achtzig Metern Galopp wird es im Rennen disqualifiziert. Der Lehrling schafft es nach etwa fünfzig, und der Trainer geht mit seinem Pferd wieder in die alte Spur.

Sie hat alle Mühe, den Kleinen Meister hinter dem Amateurfahrer zu halten, im Sattel ist es fast schwieriger als im Sulky, erfordert mehr Kraft, weil die Übersetzung fehlt, so glaubt sie zumindest. Langsam erhöht sich die Geschwindigkeit, und das Ziehen läßt kaum merklich nach. Der Sand spritzt unter den Wägelchen hervor, und das Geräusch, das die Räder machen, ähnelt einem langanhaltenden, leisen Zischen.

Noch bleibt alles im Pulk, zum Glück ist die Bahn trocken. Sie trägt keinen Augenschutz. An der zweiten Längsseite des Ovals stehen ein paar Bäume, für wenige Sekunden ist die Strecke uneinsichtig. Da geschieht es manchmal, daß Rehe im letzten Augenblick über die Bahn springen. Aber es passiert nie etwas, die Tiere behalten einander in der Witterung. Es ist eher wie eine Mutprobe, die sich die Rehe leisten. Der Schritt des Kleinen Meisters ist gestochen, wie mit der Nähmaschine; er ist nicht so hart im Rücken wie die meisten Traber, berechnet aus Erfahrung und mit Intelligenz die Biegung, ohne daß sie ihm mit den Zügeln eine besondere Hilfestellung geben muß. Und hat nun wie selbst-

verständlich die Innenspur genommen, als wisse er, daß er sich so am geschicktesten nach vorn kämpfen kann.
Das letzte gerade Stück darf sie ihn gehen lassen. Sie steht nun in den Bügeln, mit engen Knien – diesen messerscharfen Trab kann kein Mensch aussitzen –, den Kopf so nah wie möglich am Hals des Pferdes, um den Luftwiderstand zu verringern. Sie spürt, wie der Kleine Meister an Boden gewinnt und die anderen weit hinter sich läßt, obwohl sie sie nicht mehr sehen kann. Haare seiner Mähne schneiden ihr ins Gesicht, und vor ihr stoßen Himmel und Erde zusammen. Seine Hufe sind die Hufe einer Kentaurin, mit deren Armen sie die Zügel hält, ihr Herz ist es, das das Blut durch diesen wirbelnden vierfüßigen Körper schickt, und seine Bewegungen setzen sich über ihr Rückgrat bis zu ihrem Nacken fort. Sie hört sich schreien, aber nicht sie ist es, die Laut gegeben hat, sondern aus dem ganzen großen Körper kommt die Luft zurück, heiß und fauchend, in rhythmischen Stößen, kleine Schaumflöckchen mit sich reißend, die durch die Luft stieben, wie Wolken, von einem Flugzeug aus gesehen. Und die Landschaft zu beiden Seiten der Bahn hebt sich fort, zieht sich ein zu abdriftenden Kreisen, buntes Gewölle, flockenartig in den Wirbel gezogen.
Gegen den Bahnausgang hin verdichtet sich dann alles aufs neue zu Umgebung. Die kaum merkliche Verlangsamung trennt sie wieder in Pferd und Mensch, sie läßt den Kleinen Meister sich selber

auslaufen, ohne die Zügel anzuziehen. Jetzt erst hört sie die anderen, die langsam aufholen und dann neben ihr hertraben. Beim Wenden ruft ihr der Trainer etwas zu. Sie versteht nicht, was er sagt, aber er lacht, und dieses Lachen tut ihr gut. Sie sitzt jetzt wieder, vibriert mit den leichten Stößen des Kleinen Meisters mit und spürt sich vom Kopf bis zu den Zehen. Als sie die Bahn verlassen, schließt sie hinten an, in leichtem Trab, um nicht auszukühlen. Und sie flüstert dem Pferd eine Geschichte zu, eine Geschichte aus ihrem Leben, die ein Geheimnis bleiben soll, ein Geheimnis, das sie als Geschichte erzählt, um es sich selbst nicht zu verraten.

»Ein Hund ist ein Jagdhund oder ein Wachhund, und wenn er ein Wachhund ist, soll er beim Haus bleiben«, sagt die Wirtin. »Ich pack Ihnen die Knochen ein, die können Sie ihnen dann mitnehmen, ihren Wachhunden.«
Nur dem Drakul gelingt es immer wieder, dicht an der Theke entlang und unbemerkt, unter den Tisch zu wischen. Und dort bleibt es auch für die Dauer der Mahlzeit, unsichtbar und unhörbar, außer es steigt ihm wer auf die Pfoten.
Rechts steht der Stammtisch der Bauern, links der der Viehhalter, eine Einteilung, die selbst beim Feuerwehrball in Kraft bleibt. Da sind dann die Tische hufeisenförmig aufgestellt, rechts die der Bauern, links die der Gestütsleute und im Bogen die der Keuschler, Handwerker und Eisenbahner. Zu

den Viehhaltern gehört auch das junge Ehepaar von der Trappenstation. Früher haben die sich nicht ins Wirtshaus getraut, aber seit dem letzten Feuerwehrball, zu dem der Bürgermeister sie genötigt hatte, damit sie einmal so richtig eingeweicht würden, essen sie manchmal hier zu Mittag. Der Mann heißt Jurek, und er war damals so betrunken gewesen, daß er mit aller Gewalt durch den Spiegel im Gang vor dem Festsaal hatte gehen wollen, um, wie er schrie, endlich zu sich zu kommen.

Einmal hat sie sich schon die Trappeneier in den Brutkästen zeigen lassen, auch das sogenannte Freigehege, eine Art Hühnerhof, in dem die ausgewachsenen Trappenvögel umherspazieren. Die Tiere werden so zahm, daß sie neugierig auf jeden Menschen zukommen, was ihre Überlebenschancen stark verringert, wenn sie später ausgesetzt werden. Viele sind so degeneriert, daß sie ihren eigenen Instinkten zum Opfer fallen. So soll schon einige der Trappen beim Erblicken des Flugschattens eines großen Greifvogels der Schlag getroffen haben. Ihr kommt das merkwürdig, ja geradezu bedenklich vor, so wie den beiden Biologen die Sache mit den Rennpferden.

Nach der Besichtigung war sie in die Wohnung gebeten worden, zum Tee, wie Jurek förmlich erklärte. Seit dem Feuerwehrball waren sie miteinander per du.

Gitta, die man manchmal, wenn es im Dorf ruhig ist, weithin und schön die Flöte spielen hören kann, hatte einen Kuchen gebacken und ihn auf weißes

Spitzenpapier gesetzt. Der Tee roch nach Orangenblüten, und von den Räucherstäbchen zog sich ein Faden dicken Sandelholzduftes in einer spiralförmigen Bewegung gegen die niedrige Decke. Das ganze Haus, ein altes ebenerdiges Straßendorfhaus, war in den verschiedensten Farben ausgemalt, Himbeerrot, Teichbraun, Fasten-Violett, und an den Wänden hingen Poster mit erotisch überzeichneten Fabelwesen, wie sie in Alpträumen vorkommen. Und die Fassade war schon seit Wochen Gesprächsthema, seit sie in jenem herausfordernden Orange-Ocker aufleuchtete, das der Trainer als Balzfarbe bezeichnete.

»Vielleicht sind eure Vögel gar nicht an den Flugschatten, sondern am Terpentingeruch eingegangen«, hatte sie plötzlich und ohne Übergang gesagt. Die beiden schauten dermaßen verdutzt, daß sie sich das Lachen nicht verbeißen konnte. Dann protestierten sie überdeutlich und erklärten, mit wieviel Sorgfalt und Arbeitsaufwand sie sich ihrem Projekt widmeten. Im übrigen hätten sie mehr Tiere davongebracht als alle anderen, die sich je mit der Wiederaufzucht von Trappen befaßt hatten. So gesehen sei es ein ausgesprochen selbstloses Unternehmen, bei dem im Gegensatz zum Pferdesport – dabei sahen sie einander beziehungsvoll an – nichts zu verdienen sei. Der einzige Erfolg, den sie sich versprechen könnten, sei, eine vom Aussterben bedrohte Art in der ihr angestammten Umgebung wieder heimisch zu machen und damit das Schwinden des Artenreichtums ein wenig hintanzuhalten.

Sie hatte sich die Vermutung erlaubt, daß die ganze Sache letztlich nur einem von ihnen nützen werde, nämlich dem, der eine wissenschaftliche Arbeit darüber schreibe, falls die Aussetzung der Trappen ein Schlag ins Wasser sein sollte, wie sie befürchte.
Na und, hatte Gitta geantwortet. Das Projekt sei noch längst nicht abgeschlossen, die Chancen stünden eigentlich gut, und auch sie würden sich, genau wie die Pferdeleute, Tag und Nacht um die ihnen anvertrauten Tiere kümmern. Wie immer aber das Experiment ausginge, sie brauchten sich nicht vorwerfen zu lassen, diese Tiere ausgebeutet und mit ihrer Leistung Geschäfte gemacht zu haben. Sie würden den Trappen weder eine unnatürliche Gangart antrainieren, noch sie dem Spieltrieb eines Publikums ausliefern, sie auch nicht zu Schlachtvieh mästen noch sie durch spezielle Fütterung dazu bringen wollen, schneller zu sein. Keine undurchsichtigen Machenschaften von Buchmachern noch Rekordhaschereien würden das Leben ihrer Schützlinge beeinträchtigen, im Gegenteil, sie hätten die einmalige Gelegenheit, zu einem ihnen gemäßen Leben zurückgeführt zu werden. Sie hatte zugehört, ohne sich besonders aufzuregen, denn was sie sagten, war ihr nicht neu. Dann aber hatte sie gefragt, ob sie ihr eine Gegend nennen könnten, in der man all die Rennpferde, die es gibt, aussetzen könnte. »Natürlich kann man so viele Pferde nicht aussetzen«, sagte Jurek, »man hätte sie gar nicht dafür züchten dürfen.« »Wofür dann? Für Zoos und Wildparks? Vielleicht noch für die paar Sport-

reiter?« Und als Jurek nicht sofort antwortete, hatte sie weitergeredet. »Pferde und Menschen sind schon zu lange beisammen, sie sind aufeinander angewiesen. Es gibt keine den Pferden angestammte natürliche Umgebung mehr. Und was ihre Haltung betrifft, willst du mir weismachen, daß die Millionen gewesener Ackergäule und zuschanden gerittener Post- und Kurierpferde ein natürlicheres Leben geführt haben?«

»Trotzdem«, beharrte Jurek, führte aber den Satz nicht zu Ende.

Sie ließ nicht locker. »Ich weiß nicht, was schlimmer für die Tiere ist, dem Spieltrieb der Menschen oder seiner Wissenschaft zum Opfer zu fallen. Im Zirkus, beim Rennen, ja selbst als Tanzbär hat ein Tier noch immer eine Chance. Seine Persönlichkeit – lach nicht – muß respektiert werden, weil es ohne sein Mitspiel nicht geht. Und was spielt, lebt. Ein Tier, das mitspielt, ist beschäftigt, und sei es damit, den richtigen Zeitpunkt herauszufinden, in dem es seinen Dompteur, seinen Trainer oder seinen Führer anfallen, verletzen oder gar töten kann, wie es das bei einem natürlichen Feind ebenfalls versuchen würde. Während eure Vögel da draußen an Langeweile sterben, wenn ihr mich fragt.«

Wahrscheinlich langweilen sich nicht nur die Laufvögel, sondern auch ihre Betreuer, denn trotz aller undurchsichtigen Geschäfte und dunklen Machenschaften, in die sie die Pferdeleute verstrickt sehen, tauchen sie immer öfter im Wirtshaus auf und kommen auch gelegentlich im Gestüt vorbei.

Die anderen sitzen alle schon, als sie, dem Drakul den Rücken deckend, an den Tisch kommt. Die Freundin des Trainers ist zu Besuch. Sie hat vor dem Essen ein Pferd gefahren und wird über Nacht bleiben. Lara sitzt neben ihr, Bodo und Philipp, der Lehrling, lümmeln rauchend auf der Bank. Jurek und Gitta sitzen am Ende des langen Tisches und löffeln bereits ihre Suppe. Sie sind immer pünktlich. Kein Wunder, die Trappen werden nach der Uhr gefüttert und beobachtet.
Lara ist in den Trainer verliebt, das weiß jeder, aber es interessiert niemanden. Vielleicht spricht sie gerade deshalb mit seiner Freundin, deren Vorrecht sie anerkennt. Aber trotz ihrer Verliebtheit ist sie oft wütend auf den Trainer. Und dann redet sie mit irgend jemandem, der gerade in der Nähe ist, und erzählt ihm, daß sie demnächst nach Italien gehe, in ein großes Gestüt in der Nähe von Rom, zu einem international bekannten Trainer, bei dem sie dann höchstens zwei bis drei Pferde zu betreuen habe. Solche Cracks seien das, daß ein Pfleger immer nur zwei bis drei zu machen habe. Sie sei im letzten Urlaub in Rom gewesen und habe sich ganz genau umgeschaut. Man habe ihr auch ein Angebot gemacht, aber die Stelle, die sie sich wünsche, werde erst im nächsten Jahr frei. Dann nennt sie sogar den Namen dieses Trainers, den tatsächlich alle kennen, und wiederholt das von der internationalen Reputation. So straft sie den Trainer. Der aber kümmert sich nicht darum, genausowenig wie er sich um ihre Verliebtheit kümmert. Was für ihn zählt, ist, daß

Lara eine gute Hand hat und ihre Arbeit macht. »Unpünktlich bin ich selber«, sagt er, »da muß ich mich wenigstens auf die anderen verlassen können.«

Der Trainer ist jemand, der andere zum Lachen bringt, aber es ist nicht erkennbar, ob ihm wirklich etwas daran liegt. Er selbst lacht laut und herzlich und ist sowohl langmütig wie jähzornig.

Die Tochter der Wirtin, ein auffallend weißhäutiges Wesen, das Mathematik studiert und Nonne werden möchte, bringt das Essen. Sie ist zu Hause, weil sie sich auf eine Prüfung vorbereitet, und hilft mittags servieren. Sie ist der Mutter sehr ähnlich, bleiches Gesicht, helles Haar, hellbraune Augen, auch vom Knochenbau her. Nur daß die Mutter dick und rotwangig geworden ist, einen Besoffenen resolut vor die Tür zu setzen versteht und eine rauhe Lippe führt. Auch der Tochter glaubt man die zukünftigen Fähigkeiten, wenn die Umstände sie hervorzwingen sollten. Noch aber ist sie eher sanft, und als sie sie einmal gefragt hat, warum sie denn unbedingt ins Kloster wolle, hatte es in ihren Augen geblitzt: »Aus Überzeugung.« Etwas später hatte sie leise hinzugefügt: »Und weil ich nicht will, daß es mir einmal so geht wie der Mama.« Ihr Vater hat sich mit einer anderen Frau abgesetzt.

Außer den Pferdeleuten und den Trappenzüchtern ißt niemand im Wirthaus. Man muß die Wirtin in der Früh anrufen und ihr die Anzahl der Personen nennen, sonst bekommt man nur Würstl oder eine Gulaschsuppe aus der Dose. Die Bauern essen alle zu Hause, und Durchreisende gibt es nicht. Zu Hochzeiten oder Begräbnissen kann man ebenfalls Essen bestellen. Meist sind es Begräbnisse. Zu den Hochzeiten fahren die Bauern in eines der großen Wildrestaurants in der Umgebung, wenn sie nicht zu Hause aufkochen. Aber nach einem Begräbnis kommen sie ins Dorfwirtshaus. Auch der Friseur sperrt demnächst zu. Seine Kinder sind längst in die Stadt gezogen, und er geht in Pension. Geschäft gibt es nur mehr eines, das andere ist vor zwei Monaten geschlossen worden. Im zweiten Wirtshaus hat sich die Filiale einer Bank eingemietet, und die Schule ist im Zuge der Gemeindezusammenlegung in den Nachbarort übersiedelt. Der Gemeindesekretär erwägt, das überschüssige Geld für die Aushebung eines Planschbeckens auszugeben, das dann im Winter als Eislaufplatz verwendet werden könnte.

Fast jeder der Bauern hat sein Haus neu- oder umgebaut, und die breite Dorfstraße wurde von einem Gartenarchitekten gestaltet. Japanische Quittenbäume und kalifornische Ziersträucher wachsen zwischen Straße und Gehsteig, und vor den Häusern konkurrieren die Blumenrabatten miteinander in Pracht und Ausgefallenheit.

Demnächst soll mit Mitteln des Landes zwischen Friedhof und Rübenwaagplatz eine Aufbahrungshalle errichtet werden, damit endlich die Toten aus den Häusern verschwinden. Und die paar alten, noch nicht renovierten Häuser wirken wie ein nachgedunkelter Zahn unter lauter Jacket-Kronen.

Während dem Essen redet der eine oder andere der Bauern, der bei seinem Verdauungsschnaps sitzt, gelegentlich zu ihnen herüber. Ob sie denn wüßten, daß seit neuestem ein Bäcker durch den Ort fahre, morgens um sieben, man könne bei ihm frisches Brot kaufen. Und im Lagerhaus gebe es nun karierte Arbeitshemden zu einem vernünftigen Preis und eine Partie verbilligter Gießkannen.

Die Wirtin kocht gut, aber jede Woche dasselbe. Nie gibt es frischen Salat, außer wenn der in ihrem eigenen Garten reif ist. *Sie* kann die eingelegten roten Paprikastreifen schon nicht mehr sehen, die zusammen mit dem weißen Krautsalat wie die Nationalfarben an jedem Tellerrand kleben. Dabei müssen sie froh sein, daß die Wirtin ihnen überhaupt etwas kocht, denn verdienen tut sie, wie sie sagt, nichts daran. Aber sie will auch nicht ungefällig erscheinen, noch dazu wo sie beinahe Nachbarn sind.

Einige der Bauern kommen auf ein Steh-Achtel herein und parken, wenn es kalt ist, den Traktor vor dem Wirtshaus bei laufendem Motor. »Geh!« sagt die Wirtin immer wieder, wenn ihr jemand etwas erzählt, und an ihrem ungläubigen Lachen erkennt man, daß sie selber einmal jung gewesen ist.

Als sie Kaffee bestellen will, macht die Freundin des Trainers ihr ein Zeichen, was soviel bedeutet, wie daß sie einen Nachtisch mitgebracht hat und sie alle gemeinsam in der Halle Kaffee trinken wollen.

»Kaffee?« ruft die Wirtin, die etwas gemerkt hat. Getränke sind das einzige, woran sie etwas ver-

dient. Und dann bestellen sie doch alle, um nun ihrerseits nicht ungefällig zu erscheinen, schon wegen der Nachbarschaft, und damit sie ihnen weiter etwas kocht. Der Trainer sagt, sie könnten ja dann später miteinander jausnen, jetzt müßten sie ohnehin gleich wieder einspannen, um dem angekündigten Regen zuvorzukommen.
Beim Zahlen versucht Bodo, der Stallbursche, der erst seit ein paar Wochen im Gestüt heraußen ist, der Tochter der Wirtin ein paar Münzen in die Schürzentasche zu stecken, wobei er die Hand deutlich sichtbar gegen ihre Hüfte preßt.
»Saubär«, sagt die Tochter der Wirtin ruhig, »gib die Pratzen weg!« Dann holt sie die Münzen aus der Schürze, legt sie in die große schwarze Zahltasche, die sie – zur Theke zurückgekehrt – sofort der Mutter übergibt.
Der Trainer lacht leise in sich hinein, und der Stallbursche zuckt beleidigt die Achseln. Beim Gehen grüßen Mutter und Tochter mit derselben Stimme.

Die Scheune ist ein dreiwändiges Gebäude mit schrägem Dach und offener Front gegen Südwesten. Sie stellt die Truhe ab und läßt sich auf zwei bereits vom Stapel gezerrte Ballen fallen. Heiß kommt es ihr entgegen von der immer kräftiger werdenden Sonne, und sie öffnet die Bluse. Sie weiß, daß sie einnicken wird, zumindest für ein paar Minuten. Wonne des Nichtwiderstehenkönnens. Pelz streift ihren Arm, und sie spürt den leichten Aufprall auf ihrem Bauch, einmal, zweimal, dreimal. Sie weiß, welcher Anblick sich ihr böte, aber sie kann die Augen nicht mehr öffnen. Dieser beinah körperlich schmerzende Absturz in den Traum. Es ist das Sonnengeflecht, das sich noch einmal zusammenzieht, bevor die Gedanken sich zu Bildern lösen, die einer anderen Zeit unterstehen.

Sie kriecht, und in diesem Augenblick weiß sie, was geschieht, wie alles zusammenhängt, wie entsteht und vergeht, weiß sie sich und wird sich im nächsten Augenblick schon nicht mehr wissen, immer tiefer in sich hineinkriechend, immer weiter aus sich herauskriechend. Goldmarie, die durch den Brunnen in die andere Welt fällt, und sich im Fallen als Goldmarie erkennt. Drüben schreit der Baum: »Schüttle mich!« Sie gehorcht aufs neue, hat keine Muße mehr, sich zu wissen, muß sich tun.

Und wieder der Reiter, diesmal von hinten, stillhaltend gegen die südwestliche Sonne. Sie strengt sich an, versucht ihm näherzukommen, schleppt ihre Knie nach, mit den Armen Tempi machend in der immer wäßriger werdenden Luft, fällt und erreicht – hinfällig – mit der Fingerspitze den Absatz seines Stiefels. Jetzt dreht er sich langsam herum, zuerst den Oberkörper, dann den Kopf hinterherziehend, aber da ist nichts, nichts als die Kontur eines Hutes.

Das Erwachen ist nicht schreckhaft, aber da war ein Geräusch. Ohne sich zu bewegen, öffnete sie die Augen geradewegs in den Blick eines jungen Katers hinein, der auf ihrer Brust liegt. Zwei weitere Katzen liegen übereinander auf ihrem Bauch, und ihre Grannenhaare glitzern, als wären sie mit Metallstaub bestreut. Der Kopf des Katers macht einen runden Schatten auf ihrem Gesicht, trotzdem schwitzt ihre Stirn, und der Katzenleib drückt gegen ihren Magen. »Absteigen«, sagt sie und richtet sich langsam auf. Die Katzen springen widerwillig zu Boden und beginnen sich sofort zu putzen.

Sie knöpft die Bluse zu und steckt sie wieder in die Hose. Ihr schwindelt ein wenig, und als sie sich nach den Strohballen bückt, beginnen die kleinen leuchtenden Pünktchen in ihrem Kopf zu kreisen. Lächerlich! Sie hievt die Ballen in die Truhe und setzt sich einen Augenblick auf deren Rand. Später, als sie an der Futterkammer vorbeikommt, hört sie den Lehrling zu Bodo sagen: »Und die Katzen sind geradewegs aus ihrem Bauch gekommen.« Der Stallbursche meckert vor Lachen. »Kannst es mir ruhig glauben. Und sie haben sofort angefangen sich zu lecken.«

Der Stallbursche lacht noch immer. »Zuerst mußt

du versuchen in ihren Bauch hineinzukommen, mein Lieber, dann kannst du auch wieder aus ihm herauskommen. Oder glaubst du, daß sie sich die Katzen selber hineinsteckt?«

Die Freundin des Trainers ist Friseurin, und wenn sie gut aufgelegt ist und Zeit hat, das heißt, wenn der Trainer noch einmal hinausfährt und für sie kein Pferd mehr übrig ist, das bewegt werden müßte, macht sie ihnen die Haare. Lara mißt bereits mit lodernden, wie Flammen züngelnden Locken in der Futterküche die Abendration in die Kübel, und sie hat sich inzwischen geduscht und die Haare gewaschen. Vor ihr war noch der Lehrling dran, und während sie sich in den Drehsessel vorm Schreibtisch des Trainers setzt, hält sich der Lehrling den Spiegel ganz nah an seinen neuen Haarschnitt, dabei schabt er ein wenig an dem weißen Rand, der nach dem Wegfall der Haare um seinen Kopf herumführt.
»Ich will ja nicht sagen, daß Ihnen der Zopf nicht steht.« Die Freundin des Trainers hält ihre Haare wie ein nasses Tuch, von dem sie noch nicht weiß, wo sie es hinhängen wird. »Aber aus so einer Mähne läßt sich ganz etwas anderes machen.« Die Friseurin nimmt eine Rundbürste aus der Tasche und strählt und fönt und windet ihr kunstvoll das Haar um den Kopf, steckt es mit kleinen Hornspangen und Kämmen fest. Die zumindest wird sie ihr abkaufen, denn fürs Frisieren nimmt sie nichts.
Als der Trainer und Bodo mit den letzten Pferden hereinkommen, pfeifen sie anerkennend, und der Trainer läßt nicht zu, daß sie oder Lara die Pferde mit dem Schlauch abspritzen, es könnte ja sein, daß ihr Haar dabei naß würde, lieber sollen sie auch in Bodos Boxen füttern.

An den Tagen, an denen der Trainer über Nacht bleibt, geht er wie ein Chefarzt bei der Visite mit ihnen die Boxen durch, fragt, überzeugt sich selbst und macht Eintragungen im Arbeitsplan.
Der Glanz der untergehenden Sonne fällt durch die Oberlichter, und Laras Kopf flammt auf, ihre Augen sprühen grüngoldene Funken. Es ist einer jener Abende, an denen die Stimmung sich aufrichtet zu einem fortwährenden Geplänkel, dem keiner sich entziehen kann. Gelächter und blöde Witze, die ein Gefühl der Zusammengehörigkeit schüren, unter dem jedoch die Angst lauert, es könne sich verflüchtigen, sobald einer von ihnen den Stall verläßt. Und unwillkürlich arbeiten alle darauf hin, so lange wie möglich im Schutz des Stalles beisammen zu bleiben, beanstanden, machen Vorschläge, stellen zur Debatte, bis sie alle in der Futterkammer zusammenkommen, auf dem Katzentisch oder auf der Haferkiste hockend, rauchen, Geschichten erzählen, und die Hunde liegen unter ihren baumelnden Füßen.
Die Freundin des Trainers, die sich bereits umgezogen und drüben in der Halle gewartet hat, kommt mit ihren hochhackigen Schuhen, die laut auf dem Steinboden tacken, herüber, und man merkt ihr an, daß sie langsam ungehalten wird. Es ist ihr freier Tag, und sie muß morgen früh wieder in die Stadt und zur Arbeit.
Aber Bodo erfaßt die Situation richtig, springt auf, verbeugt sich vor der Freundin des Trainers, bietet ihr seinen Platz auf der Futterkiste an, und als sie,

noch immer ein wenig eingeschnappt, abwinkt, obwohl sie sich setzt, sagt er, auf sie und Lara zeigend: »Schneewittchen, Dornröschen«, und dann in die Knie sinkend: »und die Königin von Saba!« Der Verlauf des Abends ist gerettet. Es steht nicht mehr zu befürchten, daß die Freundin des Trainers schmollt, wenn der Trainer nun vorschlagen wird, was alle längst erwarten, nämlich gemeinsam in einen jener Gasthöfe der Umgebung zu fahren, die an den Wochenenden ohnehin von Stadtmüden überfüllt sind, während man unter der Woche gemütlich essen kann. Sie würde nicht mehr darauf bestehen, den Trainer für sich zu haben, oder ihm danach Vorwürfe machen. Der Trainer selbst – empfindlich für Pferde und Stimmungen – hat längst erkannt, was sich in einer Situation wie dieser gehört. »Umziehen«, sagt er aufstehend, »wir fahren nach M. Einer was dagegen?« Erleichtert lassen sich alle von den Plätzen gleiten. Keiner wüßte auszudrücken, was sie an solchen Abenden so beunruhigt. Die angerissene Hoffnung, es könne doch noch alles mit ihnen gut werden, ohne daß sie eine Ahnung davon haben, wie dieses »gut werden« wäre. Ist es das Verhängnis einer Stimmung, die sie sich nach einem Leben sehnen läßt, das sie längst hinter sich zu haben glauben? Oder ist es doch nur der Wunsch, dem alltäglichen Arbeitsverhältnis auch noch eine andere, heitere, gesellige Seite abzutrotzen?
Von der Aufbruchsstimmung angesteckt, fangen die Hunde zu toben an, sie springen und kläffen,

obgleich niemand daran denkt, sie mitzunehmen, und erst als sich auch das via Stimmung und eindeutig übermittelt hat, legen sie sich brummend auf ihre Plätze, gekränkt und wenig einverstanden mit ihrem Schicksal.
Sie hat einen ihrer alten Röcke angezogen, und als sie sich damit im Spiegel sieht, kommt sie sich plump und unbeholfen darin vor, auch spannt er ein wenig um die Hüften, aber die neue Frisur fordert ein anderes Gewand.
Lara erscheint in dem Kleid, das sie sich in Rom gekauft hat. Auch sie wirkt, als hätte sie es sich ausgeborgt.
Sie fahren in dem alten Gestütskombi, den der Lehrling notdürftig gesäubert hat, und der Trainer läßt sie die Fenster öffnen, denn obwohl sie alle geduscht haben, leidet jeder unter der Vorstellung, nach Pferdestall zu riechen, und so schlagen sich die Düfte der Parfums und Rasierwässer, daß dem Trainer fast schwindlig wird.
Bellend folgen ihnen die Hunde ein Stück, dann geben sie mißmutig auf und trollen sich zum Gestüt zurück, für dessen Schutz sie nun allein verantwortlich sind. »Hoffentlich wissen sie das auch«, meint die Freundin des Trainers, die ein Leinenkostüm trägt.
Es ist noch hell, aber für den Gastgarten schon zu kühl. Im Lokal brennen bereits die Lichter. Sie werden namentlich begrüßt, und es wird behauptet, daß sie schon lange nicht mehr hier gewesen wären. Ob das letzte Mal etwas nicht gestimmt habe?

Es sei alles in Ordnung, sagt der Trainer, darum kämen sie auch wieder, es habe eher mit den Finanzen zu tun, und er macht eine umfassende Bewegung, die sie alle einschließt. Der Wirt winkt lachend ab, er solle nur nicht jammern, und dann rechnet er dem Trainer vor, wie viele Rennen in den letzten vier Wochen von seinem Stall gewonnen worden sind. Der Trainer macht den Mund breit und meint, es stimme schon, die Besitzer hätten einen guten Schnitt gemacht, aber er sei eben nur der Trainer, er bekomme lediglich fünfzehn Prozent, und die würde das Gestüt zur Gänze schlukken. »Ich lebe vom Umsatz«, sagt er, »was ich ausgebe, gibt es faktisch nicht.«
»Und ich«, sagt der Wirt, »was soll ich dann erst sagen...« Aber da haben sie sich schon an den Tisch gesetzt, und während ihre Gesichter von der Speisekarte verdeckt sind, stellt ihnen der Wirt sechs Glas Barack hin, in vor Kälte beschlagenen Stamperln, »ein Geschenk des Hauses für die armen Roßknechte.«
Der Namen der Speisen erzeugt Speichel im Mund, und Sätze schwirren her und hin, wer was wann, wo und wie zubereitet schon probiert habe. Denn eines sind sie alle, gute Esser. Was die schweren Misttruhen ihnen tagsüber abgefordert haben, verlangt spürbar nach Ersatz, und selbst wenn der Schnaps vorübergehend die Magennerven beruhigt, allein der Duft, der in der Luft hängt, verwandelt den bloßen Appetit in kaum zu verheimlichende Gier. Und doch fällt es schwer, sich zu entscheiden.

Die Kellnerin, die die Bestellung aufnimmt, kennt ihre Kundschaft, rät ab oder bestärkt, gibt zu bedenken, daß diese oder jene Speise länger dauern könnte, und hat bald alle Wünsche eingefangen, wiederholt sie, und schon hört man sie in der Küche das Ganze in Auftrag geben.
Das Lokal ist nicht voll, ein gewöhnlicher Wochentag, und der Abend beginnt erst. Ein Tisch mit Einheimischen, die debattierend ihr Bier trinken, ansonsten Gesellschaften mit drei bis sechs Leuten, die von auswärts kommen. Der Gasthof hat einen guten Ruf, und die Preise sind annehmbar. Sie ist versucht, sich immer wieder an die Haare zu fassen, ein völlig neues Gefühl, die Haare um den Kopf gebauscht zu tragen. Der Lehrling schaut grinsend zu ihr und Lara und fährt dann den eigenen blanken Haaransatz entlang.
Bodo hat früher im Stall auf der Rennbahn gearbeitet und ist erst hier, seit Mehmet gekündigt hat. Mehmet, ein älterer, ausgeschundener Türke, der Angst vor den Pferden hatte, aber den Job unbedingt behalten wollte, hatte heldenhaft versucht, mit den anderen Schritt zu halten, aber sie alle wußten, daß er es nicht schaffen würde. Er sprach schlecht Deutsch und fühlte sich durch Laras und ihre Arbeitsleistung gedemütigt. Der Trainer hatte ihn engagiert, weil kein anderer Pferdebursche aufzutreiben gewesen war, nachdem der vorletzte Lara Geld gestohlen und es noch am selben Tag im Dorfwirtshaus ausgegeben hatte. Aber mißtrauisch, wie Lara ist, hat sie die Geldscheine gekennzeichnet. Sie

hatte bereits Anzeige erstattet, als sich herausstellte, wer der Dieb war, und da er ein guter Arbeiter und ein verträglicher Mensch war, hatten sie die Sache unter sich bereinigen wollen, aber das ging nicht mehr. Die Gendarmen erklärten, es sei ein Wiederholungsfall, und bei dem Vorstrafenregister...

So kam es dazu, daß Mehmet angestellt wurde. Mehmet hatte jahrelang als Hilfsarbeiter am Bau gearbeitet und war an eine regelmäßige Arbeitszeit gewöhnt. Im Gestüt aber zieht sich alles in die Länge, und Freizeit ist ein einschränkbarer Begriff. Sie denkt selten darüber nach, seit sie sich für dieses Leben entschieden hat. Wie Lara läßt sie den Großteil ihrer freien Tage zusammenkommen zu einem langen Urlaub, von dem sie sich aber noch keine Vorstellungen macht. So sehr hat sie mit allem Früheren gebrochen, daß sie nicht mehr weiß, was anfangen mit so einem freien Tag in der Stadt, höchstens einkaufen. Aber sie will kein Geld ausgeben, bevor sie das Fohlen nicht abbezahlt hat.

Mehmet zählt die Stunden bis zu seinem nächsten freien Tag. Was er denn so besonderes vorhabe, hatte sie ihn gefragt. »Tee trinken mit Freunde«, hatte er mit großen Augen geantwortet. Einerseits hatte sie Mitleid mit ihm, so ausgesetzt, wie er sich vorkommen mußte, andererseits regte es sie sogar schon auf, wie er ein Pferd führte. Das einzige Tier, für das er eine Hand hatte, war die Ziege. Er allein war imstande, sie zu beruhigen, wenn das Pferd nicht bei ihr war. Und Mehmet konnte kochen. Es

gab Zeiten – wenn nicht alle Boxen besetzt waren und der Trainer in der Stadt blieb –, in denen sie die Boxen von Mehmet untereinander aufteilten, damit er ihnen für den Abend etwas kochte.
Aber auf die Dauer schafften sie es nicht, dazu waren die Misttruhen zu schwer. Beim Kochen war Mehmet erfinderisch. Im Sommer briet er Fleisch im Freien und verfertigte kunstvolle Halterungen für die Spieße. Auch wenn ihnen manchmal der Aufwand zu groß erschien, den er trieb, geschmeckt hat es ihnen immer. Seine Kebabs lockten sogar den Gemeindesekretär an, der im Urlaub in der Türkei gewesen war. Er versprach, einmal ein ganzes Schaf zu besorgen, wozu es aber nie kam. Denn als die Sache mit Plurabella passierte, hatte Mehmet endlich eingesehen, daß diese Arbeit, dieses ganze Leben nicht für ihn taugte, und er ging wieder in die Bauwirtschaft, zurück zu seinen Freunden in die Kreisstadt. Als sie ihn einmal beim Einkaufen dort getroffen hatte, war er schon von weitem in seinem malterbespritzten Arbeitsgewand auf sie zugekommen und hatte angekündigt, daß er sie demnächst besuchen und ihnen türkischen Tee und Rahat Lokum bringen werde, er habe von zu Hause genügend geschickt bekommen.
Nun war dieser große schwere Bodo an Mehmets Stelle beziehungsweise an der Stelle von Leo, der Laras Geld gestohlen hatte, doch da er schon seit einigen Jahren bei den Pferden war, gibt es bei der Arbeit keine Probleme mit ihm. Er weiß, was ein Pferd ist.

»Na«, sagt plötzlich die Freundin des Trainers, und ihre langen gebürsteten Wimpern stoßen beinah an die Augenbrauen. »Na, was ist mit euch?«
Der Brotkorb ist leer, die Kellnerin hat auch den Wein schon gebracht, es kann nicht mehr lange dauern, bis das Essen kommt. Und da beginnen sie alle gleichzeitig zu reden. Bodo mit einem vorwurfsvollen Blick auf den Trainer, daß er es nachgerade als Strafe empfinde, in diese Einöde versetzt worden zu sein. Damit meint er das Dorf. Kein Kino, keine Mädchen, ja nicht einmal ein ordentliches Wirtshaus. Er, Bodo, verstehe jedenfalls unter einem Wirtshaus etwas anderes als diesen bigotten Zwei-Frauen-Laden. Ohne Auto sei man hier heraußen völlig erschossen, und Lara, die ja eines habe, sei viel zu geizig, um es ihm zu borgen. »Ja, ja«, verteidigt sich Lara, »vielleicht sagst du auch dazu, warum sie dir den Führerschein weggenommen haben.«
»Du könntest ihn ja wohin bringen und dann wieder holen«, sagt der Lehrling grinsend.
»Soll ich Chauffeur spielen? Bin doch nicht teppert«, faucht Lara, und der Lehrling erwidert etwas von Liebesdienst, und der Bodo würde sich sicher revanchieren. Der sei überhaupt nicht so, aber sie, Lara, mache sich nur nicht die Mühe hinzusehen. Sie sei doch eh so einsam, habe nicht einmal einen Hund, und die Katzen gingen ihr auch nicht zu.
Der Lehrling benutzt sie alle als Schutz, unter dem auch er einmal Lara ärgern kann, ohne eine Ohrfeige oder sonst etwas zu riskieren. Philipp ist ein

siebzehnjähriger Analphabet, der die Schulzeit deshalb überstanden hat, weil er nachmittags im Weingarten des Klassenlehrers gearbeitet hatte. Geschickt, was die Beschaffung von Honig, frischen Eier, aber auch von süßem Heu und billigem Stroh anlangt, ein Hans Dampf in allen Gassen des Ortes, der einzige unter ihnen, der funktionierende Beziehungen zu den Bauern hat. Ein dermaßen begabter Einreiter – sie hatte ihn einmal einen jungen Galopper einbrechen sehen –, daß er vielleicht besser Kunstreiter geworden wäre, jedoch noch immer nicht imstande, auch nur die Sportzeitung ohne fremde Hilfe zu lesen. Sie hatten eine Zeitlang versucht, es ihm beizubringen, aber ihre Geduld war bei weitem überfordert, also beschränkte sie sich darauf, ihn auf die Rubriken mit den Rennbedingungen – Gewinnsumme, Vorgabe, Rekord, zu erwartende Leistungen – einzuüben. Mit den Zahlen ging es besser, und in Kürze war Philipp der erste, der die wöchentlich erscheinende Sportzeitung an sich riß, die Rekorde auswendig lernte und sogar den Trainer mit seinem Wissen verblüffte. Die Zwischentexte aber erfragte er sich unauffällig von den anderen.
»Was sollen da wir sagen«, sie meint sich und Lara, »ich weiß gar nicht, was du dir vom Dorf erwartet hast?«
»Ihr, ihr«, sagt Bodo und hebt die Arme wie Windmühlenflügel, »ihr spinnt von Natur aus. Wie ihr das macht, kann sich sowieso keiner vorstellen.« Sie lachen alle dieses gefährliche Lachen, das jederzeit

umkippen kann in Angriff oder Beleidigung, das aber vom Trainer wie von einem Chormeister mit voller Stimme gestützt und ins Gutmütige dirigiert wird.

»Wenn ich mir dich so anschau«, sagt Lara mit mildem Gift aus dem Lachen heraus, »weiß ich genau, warum ich von Natur aus spinne.« Und die Provokation ist so offenkundig, daß Bodo zu blinzeln beginnt. Aber da kommt das Essen, und es gibt nichts, das eine besänftigendere Wirkung hätte als der Duft von gebratenem Fleisch und in Kräutern gedünstetem Gemüse, von gebackenen Erdäpfeln und mit Knoblauch angemachtem Salat. Alle sagen unwillkürlich »Ah!« Vor lauter Einatmen hat sich soviel Luft in ihren Lungen angesammelt, daß sie nun als dieses »Ah!« stoßartig entweicht.

Und wieder folgt eine kurze Periode des Schweigens, in der Zunge und Gaumen mit dem Geschmack vertraut werden, das duldet keine anderweitige Inanspruchnahme, und erst als die Teller zu mehr als der Hälfte leergegessen sind, regen sich wieder die ersten Sätze, und wie von einer kaschierten, aber doch spürbaren Regie als Anknüpfung und Anspielung inszeniert, tauchen die alten Erzählungen vom Stutenvögler wieder auf, jener legendären Figur, die angeblich in den Gestüten und Rennbahnstallungen auftaucht, um Schandbares zu vollbringen, ähnlich dem Steinscheißer und dem Gamaschenklau.

Eine solche Lust zu erzählen überkommt sie, daß sie einander an all die gemeinsam erlebten oder lang

schon überlieferten tausendundeine Geschichten aus dem vergänglichen Leben des Wundertiers, das allein – und es ist nur das Pferd – sie miteinander verbindet, zum unendlichsten Mal erinnern, hoffend, es sei zumindest einer unter ihnen, der sie noch nicht alle kennt. In diesem Fall ist es die Freundin des Trainers, bei der eine Chance besteht, und was das Gestüt betrifft, könnte Bodo etwas noch nicht oder nicht oft genug gehört haben.
Meist erzählen sie gar nicht die ganze Geschichte, nur das Stichwort, das bereits wiedererkennendes Gelächter auslöst, darauf folgt ein Zitat im Originalton, auf das hin alle beifällig lachen, wenn der Originalton gelingt, und dann folgt schon die Pointe, für die jeder sich Lachen und Applaus erwartet, worauf er am Wort zu bleiben versucht, um geradewegs aus der Pointe in eine neue Geschichte überzuleiten. In die von Plurabella zum Beispiel, der Füchsin, die den Amateurfahrer abgeworfen hatte und an die Staatsgrenze gelaufen war – was nicht allzu weit ist – wo es ihr gelang, den Sulky zwischen zwei eng stehenden Bäumen im Auwald abzustreifen, während sie mit hängenden Zügeln weiterrannte. Da die Grenze ein Fluß ist, blieb die Füchsin im Land.
Da waren sie dann allesamt ausgerückt, auch die Feuerwehr des Dorfes, und hatten die ganze Nacht gesucht (und Mehmet hatte endlich klar gesehen), sich zwischendurch bei Tee mit Schnaps aufgewärmt und sich selber zeitweise im Auwald verirrt. (Mehmet haßte Alkohol und Angetrunkene.)

Es war schon hell, als die Füchsin wieder zum Vorschein kam. Nicht, daß sie sie gefunden hätten. Eine Bäuerin rief im Gestüt an, und da sich dort niemand meldete, im Wirtshaus, ein Pferd sei ihr zugelaufen. Es stehe zitternd unter einem Zwetschkenbaum in ihrem Garten, mit zerfetztem Geschirr und fehlenden Eisen. Sie habe ihm einen alten Mantel übergeworfen und ersuche nun darum, daß man es holen komme.
Die Füchsin war so erschöpft, daß sie mit dem Transporter zurückgefahren werden mußte. Und sie alle auch. Gerade daß sie noch fütterten, dann fielen sie in die Betten (und Mehmet war den halben Tag über mit der ganzen Arbeit alleingeblieben). Da war endlich Panik über Mehmet gekommen, und gegen Monatsende kündigte er. »Sauferei, die blöde«, maulte er vor sich hin, »was noch dazukommt!«
Die Geschichte des für kurze Zeit eingestellten Pony-Hengstes: er war an einer Virus-Erkrankung zugrunde gegangen, der eine ganze Reihe von Tieren, hauptsächlich Fohlen, erlegen waren. Was mit den äußeren Symptomen einer Kolik begann, zerstörte vom Schwanzwirbel her das Rückenmark bis zum Kopf, aber das stellte sich erst bei der Obduktion heraus. Bis dahin glaubten alle an einen Täter, und obwohl die meisten Fälle im Vereinsgestüt vorgekommen waren, und bei ihnen nur der Pony-Hengst erkrankte, streute der Lehrling Haferstaub vor die Boxen, zur etwaigen Spurensicherung.
Ermittlungsbeamte tauchten auf, und in den Zei-

tungen wurden die merkwürdigsten Hintergründe erhellt, so daß ganz nebenbei eine Reihe von mittleren Skandalen ans Licht kam.
Der kleine tapfere Hengst kämpfte mit aller Kraft gegen die Zerstörung. Sie hatten ihn freigelassen, damit er sich nicht wie interniert vorkäme, und er hatte, bereits taumelnd, noch versucht, einen der großen Hengste in der Hofkoppel zu stellen. Als dann der Tierarzt die bereits vorhandenen Obduktionsbefunde eingesehen hatte, und klar war, daß es für den Pony-Hengst keine Rettung mehr gab, ließ der Trainer ihn nach Rücksprache mit dem Besitzer durch eine Curare-Injektion einschläfern. Er stand mit der Kamera daneben und filmte das Sterben des kleinen Pferdes.
Auch sie erzählt, erzählt die Geschichte von der Nacht, in der Xanthippe an ihrem Bett gestanden und sie abgeschmust hatte. Sie lag mit einer schweren Erkältung seit Mittag im Bett, Mehmet hatte in ihren Boxen gefüttert. Wahrscheinlich hatte er die Tür nicht gesichert, und Xanthippe hatte so lange daran herumgespielt, bis sie sie aufgeschoben hatte. Mehmet hatte sich natürlich dagegen verwahrt und sich ebenfalls auf einen unbekannten Täter berufen. Wie auch immer, sie war freigekommen und wanderte im Stall umher. Gewiß hätte sie sie gehört, wenn sie nicht fiebrig gewesen wäre. Ihre Tür war nicht abgesperrt, und vielleicht hatte einer der Hunde die Klinke niedergedrückt oder sie war, wie auch sonst öfter, durch die Vibration der schweren Pferdeschritte aufgesprungen. Sie jedenfalls hatte

geträumt – ja, was hatte sie geträumt? Unsicher hielt sie inne, beinahe hätte sie sich dazu hinreißen lassen, einen Traum zu verraten. »Irgendwas halt«, fährt sie verwirrt fort.

»Na was schon?« lächelt Bodo spöttisch.

»Na was schon?« feixt Philipp.

Sie läßt sich nicht aus der Fassung bringen. Sie habe etwas gespürt, das über ihr Gesicht gewischt sei. Das Mondlicht habe aber hereingeschienen, und an der Art der Bewegung habe sie dann sogleich erkannt, daß es ein Pferd sein mußte. Riechen habe sie das ja nicht können mit ihrem Schnupfen. Sie habe hingelangt und sofort gewußt, daß das nur ihr »Mädchen« sein konnte, niemand sonst habe so ein weiches Maul. Dann habe sie sich langsam zur Seite gedreht und Licht gemacht. Die Hunde seien schwanzwedelnd herumgestanden, hätten aber nicht gebellt. Das »Mädchen« habe sich erst einmal in ihrem Zimmer umgesehen und sich gleich die Schachtel mit dem Aspirin vom Nachttisch gegrapscht, und es habe sie viel an Geschicklichkeit und Zureden gekostet, bis das »Mädchen« das Aspirin wieder hergegeben hat. Dann habe sie es am Halfter genommen, umgedreht und versucht, es zurück in die Box zu bringen, doch neugierig, wie das »Mädchen« sei, habe es unbedingt bei ihr im Zimmer bleiben wollen. Da habe sie ihm alles gezeigt, sogar den Schrank aufgemacht und es in den Spiegel schauen lassen. Und erst als das »Mädchen« alles angeschaut und berochen gehabt habe, sei es bereit gewesen, sich zurückbringen zu lassen. Die

Nacht darauf habe sie dann gehört, wie das »Mädchen« immer wieder versuchte, seine Boxtür zu öffnen, doch sei ihm das nicht mehr gelungen, da nun der Stift wieder im Eisenring steckte.
Bodo öffnet sein Hemd bis zum vierten Knopf und zeigt eine Narbe auf der linken Brustseite, die die Form einer Aster hat. »Wißt ihr, was das ist?« Alle versuchen, die Narbe besser zu sehen, und die Freundin des Trainers schiebt mit ihren rotlackierten Fingernägeln das Hemd noch ein wenig mehr zur Seite, damit alle eine gute Sicht haben.
»Der Biß von einem jugoslawischen Hengst, der Jagor hieß, ein gewaltiger Fuchs mit einer Nase wie ein Rammbock, so breit« – er spreizt Daumen und Zeigefinger weit auseinander – »und gekrümmt wie eine Armbrust.«
Und schon suchen sie alle am eigenen Leib, um auch ihre Narben vorzuzeigen, wenn sie an die Reihe kämen.
»Ein Bombensteher«, fährt Bodo fort. »Drunten im Banat haben sie zwischendurch geackert mit ihm. Und ihn sicher geschlagen.«
»Was willst du«, sagt Lara plötzlich, »wenn der Bauer zum Pferd geht, nimmt er die Peitsche mit.«
Alle lachen.
»Wie der Komische«, sagt der Lehrling, »wie heißt er schnell? Von dem der Gemeindesekretär immer redet, wenn seine Frau ihn aus dem Wirtshaus holen kommt.«
»Nietzsche«, sagt Lara, »du Dolm. Und soviel ich

weiß, hat er einmal mitten auf der Straße ein Pferd umarmt.«
Die Freundin des Trainers hat schon einen leichten Schwips. »Ich kann mir schon vorstellen, wozu er die Peitsche bei den Weibern gebraucht hat.« Der Lehrling aber muß es aussprechen. »Damit ihm überhaupt was steht?«
Sie tritt ihm unterm Tisch gegen das Schienbein. »Du hast es notwendig.« Und Bodo erklärt mit pfiffiger Miene: »Groß reden kann bald einer. Aber paß auf, daß es dir nicht einmal so geht, wie dem Frosch in der Brunnenröhre.«
Der Trainer lacht, daß ihm die Tränen kommen, offenbar weiß er, wie es dem Frosch ergangen ist.
»Was ist das für eine Geschichte?« Sie ist mißtrauisch, aber neugierig. Doch bevor Bodo sich noch umständlich herbeilassen kann, die Abenteuer seines Frosches zum besten zu geben, entsteht Bewegung im Lokal. Eine Gruppe von Zigeunern ist gekommen, und während die einen fiedelnd einen Kreis ziehen, baut ein anderer in Windeseile das Zymbal auf. »Grenzgeher«, sagt der Wirt, der sich für einen Augenblick zu ihnen gesetzt hat. »Sie kommen aus Ungarn, spielen ein paar Tage in verschiedenen Lokalen und fahren dann wieder.« Er winkt dem Primas zu, der sich zu ihnen her verneigt, ohne sein Spiel zu unterbrechen. »Von mir kriegen sie nur zu essen und zu trinken, kassieren tun sie bei den Gästen. Ich möchte schon gerne haben, was denen bleibt, und das steuerfrei.«
Der Wirt schenkt ihnen allen unauffällig nach.

»Noch eine Flasche?« Der Trainer schaut auf die Uhr. »Eine vielleicht noch, aber dann ist Schluß, ich muß fahren.« Lara, die am wenigsten getrunken hat, bietet sich an. »Wenn Sie wollen, fahre ich.« Der Trainer schüttelt lachend den Kopf. »Bin ich lebensmüde?« Lara ist bekannt für ihre rasante Fahrweise. Sie ist unsicher, ob sie sich geschmeichelt oder beleidigt fühlen soll. »So schnell lasse ich das Steuer nicht aus der Hand«, meint der Trainer mehrdeutig.

Die Freundin des Trainers möchte unbedingt die Geschichte von dem Frosch hören, aber Bodo reagiert nicht, achtet nur mehr auf die Zigeuner, deren Primas begonnen hat, von Tisch zu Tisch zu gehen, um den Leuten nach Wunsch aufzuspielen. Ihr gefällt der an der Klarinette am besten, ein junger glattrasierter Bursche mit einer bestickten Weste. Er muß eine leichte Lidlähmung haben, denn selbst wenn er den Kopf hebt, bleiben seine Augen unter den schwarzen Wimpern so gut wie unsichtbar. Wie entrückt wirkt er.

Der Wirt kommt mit der neuen Flasche und stellt dazu einen Teller mit Nüssen auf den Tisch. »Damit er nicht so trocken runter muß.« Er hält die Flasche gegen das Licht. Und alle, bis auf Lara, greifen sofort zu, als hätten sie schon lange nichts mehr zu essen gehabt.

»Das sind wirklich Spitzenzigeuner«, sagt der Wirt und winkt dem Primas.

Der Primas zieht die linke Braue hoch, zum Zeichen, daß er verstanden hat, kommt aber nicht.

Noch nicht. Am Nachbartisch wird Ungarisch gesprochen. Emigranten. Womöglich schon in der zweiten Generation, junge Leute. Man sagt dem Primas den Titel des Liedes, das er spielen soll. Vom Hören kennt sie die Melodien alle. Die Ungarn fallen sich gegenseitig ins Wort, die Zigeuner spielen weiter, und der Primas wechselt mitten drin die Weise. Lara sitzt in sich versunken da, als höre sie gar nicht zu, während die Freundin des Trainers mit dem Kopf hin und her schwingt und der Lehrling falsch vor sich hinsummt.
»Csárdás!« ruft einer der ungarisch Sprechenden, aber da ist der Primas schon an ihren Tisch gekommen, immer weiter spielend, er hebt nur fragend den Kopf, ihren Wünschen zugänglich.
»Na«, fragt der Wirt, »was soll er euch spielen?«
Der Trainer summt eine Melodie. Auch seine Vorfahren sind aus dem Osten gekommen, nur kann er die Sprache nicht mehr, schon seine Eltern haben miteinander deutsch gesprochen.
Der Primas nimmt die Melodie auf, die Klarinette variiert, und das Zymbal schlägt einen melodiösen Wirbel. Ihre Augen hängen an dem Klarinettisten, und die Freundin des Trainers rutscht jetzt auch mit dem Hintern hin und her.
Und plötzlich sagt Lara etwas, sie, die behauptet, die Sprache ihrer Mutter vergessen zu haben, redet auf den Primas ein, erklärt etwas, der Primas hört einen Augenblick zu spielen auf, legt den Kopf schief, als denke er nach und beginnt dann mit einer Melodie, die sie alle noch nie gehört haben.

Und Lara singt. Mit der hohen, schrillen Stimme einer alten Frau, und es fährt ihnen durch die Sinne, wie wenn man im Schlaf vom Fallen träumt und vor Herzkrampf aufwacht. Sogar der Klarinettist reißt die Lider hoch, der am Zymbal lächelt erstaunt herüber, nur das Gesicht des Primas bleibt unbewegt, wirkt nur um eine Spur hingegebener.
Niemand spricht mehr, alle starren zu Lara herüber, und selbst der Trainer ist ihr auf eine Weise zugewandt, als sähe er sie zum ersten Mal. Lara hat die Augen gesenkt und singt, ein zweites, ein drittes Lied. Der Primas steht nun dicht hinter ihr, spielt in ihren Kopf hinein, und aus ihrem Mund kommt diese fremde, ungewohnte, dolchartige Stimme, die verletzt, wen sie berührt, und der sich dennoch alle entgegenhalten.
Nach dem vierten Lied fangen am Nachbartisch zwei Frauen zu klatschen an, und dann klatschen alle Gäste. »Csárdás«, ruft derselbe Ungar, der schon einen Schwips hat, wieder, und die Zigeuner spielen. Ein anderer kommt auf Lara zu, sagt etwas auf ungarisch zu ihr, und allen ist klar, daß er sie zum Tanzen auffordert. Zwei Paare stehen schon in der Mitte des Lokals, warten scheint's nur auf die Sängerin. Lara hebt langsam den Blick. »Nein«, sagt sie auf deutsch, »ich möchte nicht.« Der Mann verbeugt sich, tritt zurück und holt sich ein anderes Mädchen. »Hej«, ruft er, und schon stampfen sie alle den Boden, als hätten sie ihr Leben lang Reitstiefel getragen.
Lara steht auf und geht, einfach so. In ihrem etwas

zu kurzen und etwas zu sommerlichen Kleid. Ihre Locken züngeln nicht mehr, hängen steif und an den Enden gebogen herab. Der Wirt, dem der Trainer mit der Brieftasche deutet, ruft Lara etwas nach, aber sie hört ihn nicht mehr.

Sie hätte gerne getanzt, aber damit ist es nun nichts mehr. Der Trainer zahlt, und als er dem Primas auch etwas geben will, schüttelt der den Kopf. »Chef«, sagt er, »ich will wissen, ob du am Samstag mit Urania gewinnst.« Der Trainer zuckt die Schultern, lacht trocken, zwinkert aber dann mit dem linken Aug. »Volle Pulle?« fragt der Primas. »Volle Pulle!«

Als sie sich beim Hinausgehen im Gang draußen in den Spiegel schaut, erkennt sie sich kaum mit der pompösen Aufsteckfriseur, die ihr jetzt vorkommt wie eine schlecht sitzende Perücke, ihren vom Wein geröteten Wangen und dem vom Sitzen verknitterten Rock, der die Schrittweite einengt.

Lara sitzt im Wagen, in sich zusammengekrümmt und mit starrem Blick. Wenn sie wenigstens weinen würde. Sie setzt sich neben sie, mechanisch rückt Lara zur Seite, und keiner sagt was. Alle hassen sie plötzlich Lara, die für Augenblicke den Schleier weggezogen und ihnen gezeigt hat, was für arme Schweine sie sind. Sie selber das ärmste. Eine Stimme wie diese und Pferdescheiße. Freiwillig. Sie bricht in Lachen aus.

»Lauter Irre«, flüstert die Freundin des Trainers, »lauter Irre.«

Sie ist schon im Bett, als es an die Tür klopft.

Vielleicht eine Kolik. Sie fährt mit dem Nachthemd in die Hose. Es ist Bodo. Sein Hemd steht noch immer offen, und die Narbe funkelt violett im künstlichen Licht.
»Laß mich zu dir.« Sein Kopf ist rot und der Reißverschluß seiner Hose nicht ganz geschlossen.
»Hau ab«, sagt sie müde.
»Tu nicht so, du brauchst das doch auch.«
»Hau ab«, sagt sie diesmal bestimmter. Er kommt mit den Armen auf sie zu, aber sie wirft die Tür ins Schloß und versperrt sie. Er trommelt noch eine Weile.
»Geh und fick deinen Hund«, ruft sie, als sie wieder im Bett liegt, durch die geschlossene Tür.
Eine der Katzen zwängt sich durchs gekippte Fenster, und als sie das Licht gelöscht hat, spürt sie das weiche Fell neben sich auf dem Kopfpolster. Sie hört noch, wie die Katze zu schnurren beginnt.

Es regnet seit Tagen. »Höchste Zeit«, sagen die Bauern, die im Wirtshaus beieinander hocken, »die Frucht braucht's. Ohne Regen keine Rüben.« Erst wenn der Zucker einschießt, soll es dann möglichst lange trocken bleiben.
»Scheiß die Wand an«, sagen die Pferdeleute. In den Koppeln, in denen die Grasnarbe längst zertrampelt ist, steht der Schlamm knietief, und das erste, was die Pferde tun, ist, sich drin wälzen.
Beim Training haben die Fahrer wasserdichte Überzüge an, die sie in der Bewegung einschränken und die durch das häufige Tragen alle schon irgendwo einen Riß oder ein Loch haben. Beim Schnellfahren klatscht ihnen der Dreck ins Gesicht, verklebt den Augenschutz und bleibt als hellgraue, antrocknende Maske an der Haut haften. Im Stall müssen die Pferde dann einzeln und mit lauwarmem Wasser abgespritzt werden, nicht nur die, die gefahren wurden, auch die von den Koppeln. Und es regnet vor allem an den Tagen, an denen besonders viele Pferde zum Schnellfahren eingeteilt sind, das Wetter nützt alle ihm möglichen Tücken.
Der Trainer ist nicht wie üblich schon am Vorabend gekommen, sondern erst zu Mittag, und während er noch mit einem Pferd hinausgefahren ist, kommt bereits der Transporter, um die im Abendrennen startenden Pferde zu holen. Es sind vierzig Kilometer bis zur Trabrennbahn, und die Pferde müssen vor den Rennen noch eingespannt und aufgewärmt werden.
Sie hat nur die Jacke ihrer Regendreß umgenom-

men, als sie Frankie Boy zum Auto führt. Zum ersten Mal macht auch er Geschichten beim Verladen, steigt, bevor er auf die Rampe tritt, springt dann seitlich in eine tiefe Lacke, die in vollem Schwall auf sie zuwuchtet. Und wie alle Pferdeleute fängt auch sie wild zu fluchen an, nennt das ebenfalls erschrockene Tier, das sich nun mit einem Satz in den Wagen rettet, alles, was ihr gerade einfällt, während sie es anhängt und die Zwischenwände befestigt.

Sie ist vollkommen durchnäßt, aber da nun alles schnell gehen muß, wird sie noch lange nicht in eine trockene Hose kommen, und zu allem Überfluß fragt Bodo sie auch feixend, ob sie nicht rechtzeitig aufs Klo gegangen wäre. Sie faucht nur statt einer Antwort. Zum Glück muß sie diesmal nicht mit zu den Rennen. Sie hat Stalldienst, auch nicht das reine Vergnügen, muß sie doch all die zurückbleibenden vierunddreißig Pferde füttern und mindestens sieben davon bandagieren. Aber wenigstens bleibt sie im Trockenen, kann sich abends früher hinlegen oder endlich ihre Wäsche bügeln.

Während die anderen sich umziehen, nimmt sie das Pferd des Trainers in Empfang, der mißgelaunt herumschreit, wo denn alle seien, er müsse doch erst bestimmen, wer bei ihm im Auto und wer mit dem Transporter fahren soll.

Der Fahrer des Lastwagens kommt in den Stall, er ist schon ungeduldig. »Wer fährt mit mir?« Und der Trainer brüllt: »Philipp!«, wo doch der Lehrling sein Zimmer im Haus drüben hat.

»Laufen Sie rüber und holen Sie ihn!« Das gilt ihr,

und sie läßt absichtlich den Schlauch noch so lange auf das Pferd gerichtet, bis es gut genug abgeschwemmt ist. Dann legt sie ihm eine Decke über.
»Ich hab gesagt, Sie sollen den Philipp holen!« Der Trainer hat sich eine Zigarette angezündet und steht nun neben dem Fahrer des Transporters. Sie hat das Pferd bereits aus den Ausbindzügeln, an denen es zum Waschen angehängt war, befreit und will es gerade in die Box führen.
»Es geschieht einfach nie, was ich sage«, schimpft der Trainer gereizt. Da drückt sie ihm den Strick, an dem das Pferd geführt wird, in die Hand. Der Trainer schaut sie entgeistert an.
»Entweder oder«, sagt sie. Der Transportfahrer grinst.
Sie zieht die Jacke der Regendreß wieder über ihren ohnehin durchnäßten Leib. Immer dieses Herumkommandieren. Gerade als sie die Stalltür öffnet, kommt Philipp von selber. »Oder«, sagt der Trainer und gibt ihr den Strick wieder zurück, an dem sie nun das Pferd in seine Box führt. »Die Decke hängt schief«, ruft der Trainer ihr nach, aber da ist es bereits das Spiel, in dem sie alle punkten, und da sie nur ungern verliert, erwidert sie – haarscharf an der Grenze des noch Zulässigen: »Sie werden selber zu spät kommen, wenn Sie sich nicht umziehen.«
»Ich habe nichts gegen Frauen im Beruf«, kann sie den Trainer zum Transportfahrer sagen hören, »wenn sie nur nicht so ein Mundwerk hätten.«

Sie war noch nicht lange im Gestüt, und wenn sie sich recht erinnert, war es ihr erster Stalldienst an einem verregneten Renn-Sonntag gewesen. Sie hatte sich in ihrer Kammer aufs Bett gelegt, um ein wenig zu schlafen. Es dauerte eine Weile, bis sie die pausenlos schellende Außenglocke, die durch ihren Traum schrillte, als Telefon wahrnahm, und erst als sie zum Haus hinüberlief, kam ihr der Verdacht, es könne irgend etwas nicht in Ordnung sein. Die Wirtin war am Apparat und erklärte mit aufgeregter Stimme, daß die Pferde vor der Kirche ständen. Die Pferde? »Wie viele?« fragte sie. »Etwa zehn«, sagte die Wirtin. »Wenn sie nur nicht die Vorgärten ruinieren.« – »Ich komme.«

Sie setzte sich einen Augenblick, dann rief sie nach den Hunden, aber keiner zeigte sich, bis auf das Drakul, das ihr gähnend aus der Kammer entgegenkam, als sie ihren Regenschutz holte. Sie war versucht, nach ihm zu treten. Den Komondor hörte sie nun von ferne bellen, und Werwolf war wie oft, wenn Bodo nicht da war, einfach abgehauen.

Sie schloß alle Stalltüren bis auf eine und schob die Boxtüren der Koppelpferde weit auf, natürlich handelte es sich um die Koppelpferde, das Drakul aber schloß sie in ihrer Kammer ein, damit es nicht zusätzlich Verwirrung stiftete. Dann machte sie sich auf den Weg. Die Gerte, die sie sonst nicht verwendete, steckte sie für alle Fälle zu sich.

Je näher sie der Kirche kam, desto deutlicher konnte sie das Aufschlagen der Hufe auf dem harten Belag der Straße und der Gehsteige hören. Dazu kam noch das Schreien der Dorfbewohner, die sich aus ihren Häusern gewagt hatten, um sich das Spektakel nicht entgehen zu lassen. Da im Dorf schon seit langem keine Pferde mehr gehalten wurden, begegneten ihnen die meisten Leute mit einer gewissen Furcht. Ein paar Burschen hatten sich mit Besenstielen und Schaufelkrampen bewaffnet und versuchten nun, die Tiere zu ihren Stallungen zurückzutreiben, während andere den ohnehin spärlichen Verkehr umleiteten.

Der Haufen hatte sich in mehrere Gruppen geteilt, die nun auf dem Weg zum Gestüt wieder zusammenstießen, und sie rief den Burschen zu, darauf achtzuhaben, daß sie nicht wieder auseinanderliefen. Der Komondor, der nie zum Treiben von Pferden abgerichtet worden war, sauste von einem Tier zum anderen, bellend und ziellos, und sie fürchtete, er könne von irgendwelchen Hufen getroffen werden, ohne daß er der Sache auch nur im geringsten von Nutzen wäre. Sie rief ihn, aber er ging ihr nicht zu, hörte sie wohl auch in seiner Überdrehtheit gar nicht. Keines der Pferde konnte man mehr an der Farbe seines Fells oder an der Form seines Stirnflecks erkennen, so sehr waren sie von Schlamm und Straßenkot überzogen, und in Kürze würde sie ebenso aussehen. Sie war voller Sorge und wütend auf sich und die Tiere. Daß auch immer gerade dann etwas passieren mußte, wenn man am wenigsten damit rechnete.

Hatten bisher einzelne Tiere noch immer versucht, aus der Gruppe auszubrechen, um doch noch ir-

gendwo ein Maulvoll Gras zu bekommen, liefen sie nun, sobald der Stall in Sicht kam, immer schneller darauf zu, und sie mit ihnen, um – wenn sie in ihren Boxen waren – die Tür hinter ihnen zu schließen. Die Burschen, die noch immer hinterher rannten, fingen nun erst recht zu schreien und zu treiben an, wohl aus Erleichterung darüber, daß dem Anschein nach alles ein gutes Ende nahm. Dadurch erhöhten aber auch die Pferde ihre Geschwindigkeit, und da es ihnen nun nicht mehr schnell genug gehen konnte, in die eigene Box zu kommen, behinderten sie sich gegenseitig, und einige fingen in der Stallgasse miteinander zu raufen an. Alte Feindschaften schienen, durch die allgemeine Aufregung wieder aufgeflammt, jetzt und hier ausgetragen werden zu müssen. Die Meute derer, die den Einschlupf nicht gleich gefunden hatten, teilte sich in Verfolger und Verfolgte, und schon liefen sie wieder nach draußen und um den Stall herum, diesmal in den Hof. Zum Glück hatte einer der Burschen das große Gittertor geschlossen und ihnen dadurch den Weg ins Dorf zurück verstellt. Das große Abfangspiel konnte beginnen.
Ruhig schauten die Burschen zu, wie die Pferde um die Innenkoppel galoppierten, daß aus den Lachen die Fontänen spritzten. Was jetzt kam, war nur mehr eine Sache der Geduld. Sie öffnete die vordere Stalltür, die direkt in den Hof führte, und versuchte zuerst einmal den Komondor einzufangen, der einzelne Pferde immer wieder an der Stalltür vorbeihetzte. Das Drakul bellte wie verrrückt in ihrer

Kammer, und sie hörte, wie es mit den Krallen an der Metalltür scharrte. Als es ihr endlich gelungen war, den Komondor in die Halle zu locken und darin einzusperren, konnte sie sich mit den Burschen, die noch immer mit ihren Stöcken herumstanden, soweit absprechen, daß jeder an einer bestimmten Stelle Posten bezog, während sie ihnen das jeweilige Pferd bezeichnete, auf das sie sich konzentrieren sollten. Ohne den Hund schienen die Pferde ruhiger zu werden, möglicherweise waren sie auch nur müde, und nach und nach gelang es ihnen, sie alle in ihre Boxen zu scheuchen. Am Schluß fehlte nur Frankie, der Rädelsführer. Keinem anderen Pferd war zuzutrauen, daß es die Koppelstangen aus den Seilschlaufen manövrieren hätte können. Schon fürchtete sie, er habe sich davongemacht und würde nun unbemerkt durch die Bauerngärten ziehen und unreife Äpfel von den Bäumen fressen. Als sie ihn fanden, stand er in der Scheune, wo er sich über einen Ballen Heu hergemacht hatte und sich dabei an dem hoch aufgeschichteten Stroh die Flanken trockenrieb. Die Burschen waren mit ihr und Frankie in den Stall gekommen, schauten ihr zu, wie sie die Boxen kontrollierte und die Pferde daraufhin ansah, ob eines sich verletzt hätte. Sie halfen ihr auch noch beim Abschwemmen, und als sie ihnen allen einen Schluck aus der großen Slibowitz-Flasche anbot, sagte keiner nein. Eine Weile rauchten sie dann noch in der Futterkammer, bis sie den Dreck und die Nässe an sich nicht mehr ertragen konnte und sie alle heimschickte, mit Dank natürlich und der stichhaltigen Begründung, sie könne es sich einfach nicht leisten, krank zu werden.

Else ist wieder da, die Kluge, Schwester des Trainers und Miteigentümerin des Gestüts, obgleich sie mit den Pferden außer ein bißchen reiten nichts im Sinn hat. Die Hälfte des Gestüts ist ihr Erbe, und es heißt, sie würde sich längst auszahlen haben lassen, aber der Trainer wisse nicht, woher das Geld nehmen. Das Gestüt sei ohnehin erheblich belastet, anders habe man die Zubauten, die den Betrieb überhaupt erst ermöglicht hatten, nicht finanzieren können. Wie energisch Else ihr Geld einfordert oder nicht, weiß niemand, sicher ist nur, daß sie das Gestüt nicht mitbetreiben will.
An der Stelle, an der der umzäunte Teil des Grundstücks spitz zuläuft, also als Koppel nicht mehr nutzbar ist, stehen drei Kiefern, unter deren Schatten Else sich Tisch und Stuhl hat tragen lassen zu einer Art provisorischem Arbeitsplatz. Sie entwirft Dessous für eine große Wäschefirma. Manchmal, behauptet sie, tue es ihr ganz gut, im Freien zu arbeiten, da flögen ihr aus der Natur Ideen zu. Farbennamen fielen ihr dabei am häufigsten ein. Man dürfe nicht unterschätzen, was der Name eines Produkts beim Verkauf ausmache. Sogar der Wind bringe sie gelegentlich auf entscheidende Gedanken, obgleich sie von Zeit zu Zeit einem davongewehten Blatt Papier bis zum Ende des lebenden Zauns nachlaufen müsse.
Am ersten Tag schauen die Pferde auf den Innenkoppeln immer lange in ihre Richtung, recken die Hälse über den Zaun, der ihnen das Fell scheuert, bis sie sich wieder an Elses Anwesenheit gewöhnt

haben. Und wenn sie gerade nicht zeichnet, benützt sie ein kleines Fernglas, um Vögel zu beobachten. Sie hat bereits mehrmals einen Pirol ausmachen können, was ihr niemand glaubt, schon gar nicht ihr Bruder, der meint, es habe sich gewiß um einen entflogenen Kanari gehandelt. Bis Else ihm anhand eines Buches beweist, daß der Pirol früher sogar Wappentier dieser Gegend war. Auch behauptet sie, daß sich manchmal, wenn sie lange ruhig sitze, Vögel auf ihrem Strohhut niederließen, die erst wieder aufflögen, wenn sie den Kopf bewege, um sie dann noch eine Weile von einem Ast her zu beäugen. Wahrscheinlich gewöhnt sie sie mit einer Handvoll Körner daran, sich in ihrer Nähe aufzuhalten.

So wie Lara sich an die Freundin des Trainers hält, hält sie sich an Else. Else sei eigen, sagen alle, ohne daß sich genau erklären lasse, was darunter zu verstehen sei. »Meine Schwester ist eigen«, sagt der Trainer und meint damit, daß sie sich kein Pferd kaufen will. Eigen in ihren Eigenarten, darauf läuft es wohl am ehesten hinaus. Wobei es nicht einmal die Eigenarten als solche sind, sondern die Selbstverständlichkeit, mit der Else damit lebt.

Sie bleibt nie länger als ein paar Tage. Am zweiten, dritten fängt sie an unruhig zu werden und läuft immer als erste zum Telefon, wenn die Außenglokke läutet. Am vierten oder fünften Tag versucht sie dann, sich so gut es geht in der Nähe des Telefons aufzuhalten. Wenn dann der Anruf kommt, auf den sie gewartet hat, wird sie wieder ruhig. Das Telefon läutet dann öfter, und von Mal zu Mal wird ihr Lächeln bestimmter. Die Spannung ist von ihr gewichen, sie wird umgänglich, ja beinah leutselig. Erfahrungsgemäß dauert es dann noch ein, zwei Tage, bis ihr Mann sie holt. Er kommt mit dem Trainer ins Gestüt gefahren, da ja Else den Wagen hat. Ihr Mann sei von seiner Geschäftsreise wieder zurückgekommen, heißt es dann. »Geschäftsreise«, lacht Bodo verächtlich. Er hat wohl erwartet, daß sie ihn ausfragen würde, aber so genau will sie es gar nicht wissen.

Wenn Else im Gestüt ist, kocht sie, um sich – wie sie sagt – zumindest irgendwie nützlich zu machen, wenn sie schon da ist. Sie weiß, bei wem im Dorf man frischen Salat, Radieschen und junge Karotten kaufen kann und wo es noch frei herumlaufende Hühner gibt. Das sind Tage, an denen sie nach den Mahlzeiten noch lange beisammensitzen, als brauche diese Art von Essen auch so etwas wie einen familiären Rahmen. Das abendliche Fernsehen aber, dem sie so oft verfallen, weil es sie auf gewisse Weise vor ihnen selber schützt, unterbleibt, da ihnen in Elses Gegenwart so viel zu erzählen einfällt. Oder sie spielen. Else hat eine Leidenschaft für Escalero und Domino.

Else zeigt Interesse für sie, aber sie fragt sie nicht aus, auch wenn sie sich oft allein unterhalten. Einmal hat sie jedoch gesagt: »Deine ganze Liebe gilt vier Hufen und einer Mähne, Kind, gib acht, daß du nicht wieherst, wenn dir einmal jemand die entscheidende Frage stellt.« – Sie hat gelacht und den

Kopf geschüttelt. »Ich weiß, daß ich kein Pferd bin, noch weiß ich das.«
Eines Tages würde sie Else vielleicht etwas erzählen, noch nicht, aber beim nächsten, beim übernächsten Mal. Ihr etwas anvertrauen, nicht preisgeben, das in Worte zu fassen ihr noch nicht gelingen will. Möglicherweise würde sie es können, wenn Else zuhörte, ihr mit Fragen half, die Dinge in einen Zusammenhang zu bringen. »Kind«, sagt Else immer. Sie ist an die zehn Jahre älter, aber das ist es nicht, warum sie Kind sagt.
Else ist empört über die Geschichte von Mon Ami, der vor ein paar Tagen kastriert worden ist. Er hatte sich beim Rennen so hengstisch gebärdet, daß der Trainer keinen anderen Ausweg mehr sah. Der Tierarzt hatte ihn in der Box operiert, und während sie dann das Pferd ein paar Runden im Hof führte, damit sein Kreislauf nach der Betäubung wieder in Ordnung käme, hatten Bodo und Philipp sich in der Küche seine Hoden gebraten. Else findet das grausam, obwohl es mit dem Tier ja nichts mehr zu tun hat, und sie selber getraut sich nicht zuzugeben, daß sie aus Neugier ebenfalls ein Stück gekostet hat. Es schmeckte wie Bries und ein bißchen nach Nüssen, aber Else wäre entsetzt, wenn sie ihr das erklären würde. Jetzt darf Mon Ami mit den Stuten und Wallachen auf die Koppel, er ist der erzwungenen Einsamkeit der Hengste enthoben. Und Bodo und Philipp glauben noch immer an die übertragene Kraft.
Sie hat das Pferd mit der Ziege auf die zweite Innen-

hofkoppel geführt und ist nun mit der Nachmittagsarbeit fertig. Else hat noch nicht zu kochen begonnen, Kaffee steht bereit. Tisch und Stühle sind nicht mehr unter den Kiefern, sondern beim Hollerbusch am alten, ans Haus angebauten Holzschuppen.
So hat Else es näher ans Telefon. Sie ist der einladenden Geste gefolgt, es ist klar, daß nur sie gemeint sein kann, sie haben schon öfter miteinander Kaffee getrunken.
Das Pferd, dem die Ziege offensichtlich guttut, hat sich zu Boden fallen lassen und wälzt den Rücken im losgetretenen Erdreich, das in Wolken emporstäubt und das Pferd prusten macht.
Else deutet mit der Hand auf die Schüssel. »Nimm dir ruhig von dem Schlagobers, aber insgesamt solltest du dich zurückhalten. Es geht mich nichts an, und du arbeitest schwer, ich weiß, aber du bekommst einen dicken Hintern, Kind.«
»Ist doch egal, wie ich aussehe, hier draußen.«
»Es ist nie egal, glaub mir. Und schau dir deine Hände an, wie willst du mit denen noch streicheln?«
»Kein Mensch kann den ganzen Tag Handschuhe tragen. Zum Ausmisten und zum Fahren nehme ich sie ohnehin.« Sie legt die Hände auf die Knie und betrachtet irritiert ihre abgekauten Nägel.
Das Fell der Ziege wird vom Licht getroffen und erscheint in milchigem Glanz. Anmutig tänzelt sie um das Pferd herum, ihr leises Meckern verliert sich in der Brise.

»Du träumst, Kind. Eines Tages wirst du erwachen und es nicht ertragen, wenn du häßlich geworden bist.«
Sie richtet sich auf. »Ich träume nicht. Ich tue, wovon viele träumen. Ich tue es, und das jetzt, täglich, nicht irgendwann.«
Die Ziege reibt ihre Hörner an der Mähne des liegenden Pferdes, das den Kopf wendet und der Ziege ins Fell prustet.
»Zum Träumen habe ich keine Zeit, und wenn, dann träume ich von einem eigenen Pferd, das ich selber im Rennen fahre.«
»Du bist genauso verrückt wie Lara, und ich kenne noch einige. Was glaubst du, wie lange du das noch aushältst, Tag und Nacht im Stall, kein Mann, kein Kind, nur Pferd?« Else hat ihr die Hand auf den Arm gelegt.
»Da ich lebe, wie ich immer leben wollte, kann ich mich nicht fragen, wie lange das so gehen wird. Ich lebe jetzt.«
Die Ziege schlüpft unter der Koppelstange durch, rein und raus, je nachdem, wo es noch einen Halm Gras, irgendein hartnäckiges Kraut zu rupfen gibt. Das Pferd schaut zu, verrenkt sich neugierig den Hals, will aber, was die Ziege schlingt, ohnehin nicht fressen.
»Bei dir kommt noch etwas dazu, du bist ehrgeizig. Dir geht es nicht nur um den Stallgeruch. Du gehörst zu jener Kategorie von Irren, wie mein Bruder, für die es besser wäre, als Kentaur zur Welt zu kommen. Dann könntet ihr mit den eigenen Hufen

laufen und wärt nicht auf Fremde angewiesen, die Pferde kaufen, damit ihr mit ihnen gewinnt.«
Die Ziege hat sich so weit vom Koppelzaun entfernt, daß das Pferd sie mit dem Maul nicht mehr erreichen kann und es aufgeben muß, sie an ihren wie ein Kamm hochstehenden Rückenhaaren zu zupfen. Nachdem es ein paar Mal im Schritt am Koppelzaun auf und ab gegangen ist, beginnt es plötzlich zu traben. Mit federndem Körper, den Kopf in vorbildlicher Haltung, quer durch den Auslauf. Und dieses Pferd, das seit Monaten apathisch herumsteht und den Kopf hin und her wiegt, verliebt sich wieder in den eigenen Gang. Wie durch Selbstentzündung steigert sich das Tempo, das Pferd gibt sich eine kurze Strecke vor und läuft dann bei stetiger Beschleunigung.
»Vielleicht werde ich doch noch der erste weibliche Trainer in diesem Land. Anderswo soll es das schon geben.« Sie sagt es lächelnd, so als spiele sie nur mit der Möglichkeit. »Dazu ist zu wenig Geld im Sport. Keiner hier kann es sich leisten, einen Trainer zu engagieren. Und um selbständiger Trainer zu werden, brauchst du Geld.«
Die Ziege, ein kluges Tier, weiß, daß sie mit dem Pferd nicht mithalten kann. Kauend blickt sie hinüber zu ihm, das mit gewölbtem Hals, das Maul an die Schulter gezogen, als trüge es Trense und Zügel, in etwas langsamerem Tempo wendet. »Vielleicht erbe ich. Sowas trifft einen, wenn man es am wenigsten erwartet. Mit ein paar eigenen Pferden würde es schon gehen.«

»Erben, Kind, das ist lachhaft. Und wenn, mußt du viel erben, nicht nur ein halbes Gestüt wie mein Bruder. Und selbst wenn ich ihm meine Hälfte schenkte, die Schwierigkeiten blieben. Dabei kann ich ihm meine Hälfte gar nicht schenken. Nicht einmal wenn ich wollte.«
Die Ziege ist über den Holzstoß auf das flache Dach des Schuppens geklettert, von wo aus sie einerseits das Pferd besser beobachten kann, andererseits findet sie dort eine Reihe von frischen Baumschößlingen, die aus den Ritzen des vermodernden Daches hervorsprießen. Saftiges Futter dieser Art gibt es nur selten auf dem trockenen, von beschlagenen Hufen zertrampelten und von gierigen Mäulern leergerupften Boden.
Else nickt der Ziege zu. »Pferde sind unnötig geworden. Sie sind bloß noch ein großes und aufwendiges Spielzeug, das man weggibt, sobald man es sich nicht mehr leisten kann. Nur ein paar Süchtige machen auch dann noch weiter.« Sie gähnt. »Gut, da sind noch die Wetten. Wenn du mich fragst, halten in Wirklichkeit die Spieler den Betrieb aufrecht. Aber man kann auf alles setzen, Windhunde, Schifahrer, Prominentenhochzeiten ... für alles finden sich Buchmacher und ein Elektronentoto. Die einzigen, die die Pferde noch brauchen, seid ihr – und umgekehrt.«
Das Pferd hört nicht auf zu traben, sondern wechselt nun in gleichmäßigem Tempo in die Rennrichtung, ohne wesentlich zu beschleunigen, wie bei einem simulierten Start. Es schwitzt jetzt ein wenig,

und der Staub, in dem es sich zuvor gewälzt hat, bildet über den Flanken Krusten.

»Spiel, das bedeutet Glück oder Pech. Du möchtest unbedingt mitspielen, aber kennst du das Risiko?«

»Doch. Was soll's, ich habe mir dieses Spiel ausgesucht.«

»Ich möchte nur nicht, daß du die Überfuhr versäumst.«

»Welche Überfuhr?«

»Eines Tages ist dir die Arbeit zu schwer. Vielleicht engagiert dich einmal jemand als Trainer, und du brauchst nicht mehr mit der Misttruhe zu fahren, aber das ist unwahrscheinlich. Es wäre ein Wunder.«

Sie lacht. »Ich habe Zeit.«

»Wenn sich das Wunder aber nicht einstellt, dann laß es mich wissen. Vielleicht kann ich etwas für dich tun, wenn auch nicht unmittelbar in der Dessous-Branche.«

Das Pferd hat nun eine Geschwindigkeit erreicht, die es ihm gerade noch erlaubt, die Krümmung der Innenkoppel zu bewältigen, ohne ins Schleudern zu geraten, was bei dem kleinen Rondeau eine Frage genauester Berechnung ist. Der Trainer, dessen Kommen scheints nicht einmal die Hunde bemerkt haben, steht mit ungläubigem Blick am Koppelzaun. Wie zur Absicherung der Identität des Pferdes schaut er mehrmals zur Ziege auf dem Schuppendach empor, er kann es noch immer nicht glauben, wie dieses Pferd da läuft.

»Eines weiß ich, ich bleibe bei den Pferden.«
Da läutet das Telefon. Es hat an diesem Tag schon mehrmals geläutet. Else steht auf und geht rasch in die Halle.
Das Pferd hebt den Kopf, bemerkt den Trainer und kommt, langsam das Tempo zurücknehmend, auf ihn zugetrabt. Er klopft ihm den Hals, wobei er mit ihm redet, und die Ziege springt über den Holzstoß vom Dach. Genau betrachtet, ist ihr Bauch etwas kleiner geworden, und das heißt, daß das Pferd wieder mehr gefressen hat.

Als ihr Mann schließlich kommt, hat Else bereits ihre Sachen gepackt. Er sieht schlecht aus, vollkommen übermüdet und so, als sei er krank. Else erwartet ihn an der Tür zur Halle. Er stolpert über eine der Hundeschüsseln, und sie fängt ihn auf, in eine stille Umarmung. Dann machen sie Hand in Hand einen Spaziergang über die Felder und zurück an den Außenkoppeln entlang. Bevor sie fahren, haben sie eine lange Unterredung mit dem Trainer. Es kann nur um Geld gehen, denn sie haben sich im Arbeitszimmer eingeschlossen, wo der Trainer seine Geschäftsbücher verwahrt.
Bevor Else endgültig zu ihrem Mann in den Wagen steigt, ruft sie sie noch einmal in die Küche und zeigt ihr, was sie für den Abend vorgekocht hat. »Gib auf dich acht, Kind«, sagt sie, bereits im Gehen, »und glaub mir, du wirst es nicht aushalten.«
Else winkt noch, als sie das große Gittertor hinter dem Wagen schließt. Der Trainer kontrolliert wortkarg die Boxen und bleibt dann den ganzen Abend bei seinen Büchern. Als sie später bei dem von Else gekochten Essen in der Halle sitzen, sagt Bodo, der über Nacht in der Stadt gewesen ist, er habe etwas läuten hören, daß Herr L., dem die meisten Pferde gehören, in ein finanzielles Schlamassel geraten sei und den Großteil der Pferde verkaufen müsse.
»Scheißkerl«, sagt Lara, »hat alles mit den Weibern durchgebracht, und jetzt müssen die Pferde dran glauben.«

»Das heißt ja nicht, daß alle Pferde weggehen. Kann sein, daß die neuen Besitzer sie beim alten Trainer lassen«, versucht Bodo sie zu beschwichtigen.
Sie ist selber zusammengezuckt, denn das beträfe auch Xanthippe. Aber von der würde L. sich wohl als letztes trennen. Vielleicht zahlt der Trainer monatlich etwas an Else, um ihr nach und nach das Gestüt abzulösen, und hat sie zuvor gebeten, ihm die Raten zu stunden, damit er das eine oder andere von L.s Pferden selber kaufen kann. Aber diese Vermutung ist wohl nichts als eine verwegene Hoffnung. Der Lehrling hat die Finger in der neuen Sportzeitung und seine Lippen bewegen sich. »Da«, ruft er plötzlich, »da steht was.« Sie nimmt ihm die Zeitung aus der Hand, und tatsächlich, ein paar von L.s Pferden sind zum Verkauf angeboten. Xanthippes Name ist nicht darunter, dafür der von Hermes. Sie seufzt, und Lara reißt die Zeitung an sich. »Sauerei«, schreit sie, »Iffland ist auch ausgeschrieben. Ich geb ihn aber nicht her, nicht ums Verrekken. Und wenn ich mein Auto verkaufen muß.«
»Dein Auto?« Bodo lacht. »Dein Auto ist nicht einmal die Anzahlung wert.«
»Und wenn wir alle zusammenlegen?« Laras Versuch ist mehr als kläglich. »Doch nicht für Iffland«, sagen Bodo und der Lehrling wie aus einem Mund. Nie würden sie vier sich auf ein Pferd einigen können. Und vielleicht ist das ganz gut so. Die Streitereien würden kein Ende nehmen, wenn sie zu mehreren bestimmen müßten, wie ein Pferd gearbeitet und in welchem Rennen es gestartet werden soll.

Elses leerer Platz ist augenfällig. Es ist ihnen gut gegangen in den letzten Tagen, und jetzt kommt nicht einmal der Trainer zum Essen. Es sei ihm der Appetit vergangen, hat er zu Lara gesagt, die ihn holen wollte. Maulfaul sitzen sie um den Tisch herum, und doch nimmt es keiner auf sich, zu gehen. Die Stimmung gleicht einer dicken Brühe, die langsam anbrennt, weil keiner umrührt. Selbst der Lehrling bettelt nicht darum, daß jemand mit ihm Karten spielt.

»Wenn hier Boxen leer werden, muß einer von uns auf die Rennbahn zurück«, sagt Bodo, »und eines sage ich euch, dieser jemand bin ich.« Er lehnt sich gelassen zurück und streckt die Beine aus. »Mir soll's recht sein. In diesem Kaff fängt man ohnehin vom Kopf her zu stinken an.«

»Wer sagt«, Laras Blick ist düster, »daß der Trainer dich auf der Rennbahn brauchen kann, wenn keine neuen Pferde dazukommen?«

»Geh ich halt zu einem anderen.« Bodo zuckt die Achseln.

»Ich bin ja nicht verheiratet mit ihm.«

Lara wendet sich angewidert ab. »Dir geht es doch nur ums Geld.«

»Euch vielleicht nicht?« Niemand hält ihn einer Antwort für wert.

»Wer schreit denn am lautesten, wenn das Trinkgeld nicht genau aufgeteilt wird? Na, Lara, wer schreit da ganz laut?«

Der Lehrling grinst und Lara schnaubt. »Bescheißen werd ich mich lassen.«

»Und ich muß Alimente zahlen, bis ich schwarz werde. Hast du dir das schon einmal überlegt? Ihr habt es leicht, so ganz für euch. Ihr braucht nur die Pferde im Schädel zu haben, und den Gedanken, wie ihr so bald wie möglich zu einem kommt. Aber daß es auch Leute gibt, die Familie haben ...«
Bei dem Wort Familie lachen alle dröhnend auf. »Du und Familie!« Darüber kann sogar *sie* sich erregen. »Seit wann nennt man das Familie, wenn einer wie du nach einer Heurigen-Partie einer Frau ein Kind macht? Zum Glück gibt es Gesetze, die dich annageln. Und du redest von Familie ...«
»Jedenfalls muß ich zahlen. Woher hab ich denn wissen können, daß sie die Pille nicht nimmt, nehmen doch alle, heutzutage. Jetzt habt ihr es nämlich in der Hand. Wenn ihr wollt, tunkt ihr unsereinen ein, ganz mir nichts, dir nichts. Und ich kann jetzt zwanzig Jahre lang zahlen, weil die Beste beschlossen hat, sie will ein Kind.«
Niemand sagt etwas. Von seinem Standpunkt aus schaut die Sache vielleicht wirklich so aus. Nur ist sein Standpunkt einer, auf dem sie und Lara nicht stehen. Von einem bestimmten Blickwinkel her ist die Welt immer anders. Die Frage ist vor allem, wen was trifft.
Und so wird dieser Abend enden wie viele andere auch. Sie werden vor dem Fernseher hocken bleiben, zu müde zum Aufstehen und zu allem anderen zu lustlos. Und nach der Bundeshymne schleicht dann jeder in seine Kammer und fällt ins ungemachte Bett.

Ursprünglich hat sie Buchhändlerin werden wollen, aber dann hat ihre Mutter sie doch durchs Gymnasium gezwungen. Danach durch eine Reihe von Kursen, Vervollkommnung in Fremdsprachen, Stenografie, Maschinschreiben, Handelsrecht, bis sie endlich einen Posten bekam, wie ihre Mutter ihn sich für sie wünschte. Fünf Jahre ist sie bei dieser Firma geblieben, Export–Import, Lederwaren en gros, relativ gut bezahlt und in relativ sicherer Position, mit bescheidenen, aber einigermaßen gewissen Aufstiegsmöglichkeiten.
Geritten ist sie schon als Kind, in den Ferien bei einem Bauern, und später nahm sie Reitstunden anstatt Tanzstunden. Ihre Mutter tolerierte es insofern, als sie es für besser hielt als wilde Parties und Rock-Musik, wofür die anderen Mädchen in ihrem Alter schwärmten, aber sie hätte nie geduldet, daß sie Reiten als Sport betrieb und an irgendwelchen Konkurrenzen teilnahm. Kampfgeist dieser Art würde ein Mädchen unweiblich erscheinen lassen, war ihre These.
Sobald sie alt genug war, daß ihre Mutter sie über Nacht fortbleiben ließ – unter tausend Beteuerungen ihrerseits natürlich –, fuhr sie Wochenende für Wochenende in einen Reitstall, etwa zwanzig Kilometer außerhalb der Stadt. Sie verdiente sich Kost und Quartier sowie einen eigenen Sattel, indem sie mithalf, den Stall ausmistete, die Pferde versorgte und mit den Anfängern ausritt. Aber es befriedigte sie nicht, auch gingen ihr die meisten Reiter auf die Nerven.

Als sie bereits in der Firma arbeitete, nahm ihr Bruder sie einmal auf die Trabrennbahn mit. Er traf sich dort mit einem Freund, der zusammen mit einem anderen Freund ein Rennpferd besaß, das an diesem Tag startete – und gewann. Nach dem Rennen waren sie alle in den Stall hinübergegangen, hatten das Pferd angeschaut und mit dem Trainer gesprochen. Und während sie dann im Trainerzimmer saßen und zum x-ten Mal den Verlauf des Rennens beschrieben, fing sie an, sich nützlich zu machen. Als sich dann noch herausstellte, daß einer der Pferdeburschen volltrunken in der Kantine lag, machte sie sich erbötig, beim Trockenführen und beim Füttern zu helfen. Der Trainer betrachtete sie anfangs skeptisch, zu viele junge Frauen waren neuerdings in den Stallungen aufgetaucht, aber nach ein paar Handgriffen, die er sie machen sah, war ihm klar, daß sie sich auskannte. Sie waren dann alle noch in ein Lokal gegangen, und sie fragte, ob sie an einem der nächsten Wochenenden wiederkommen dürfe. Die Rennbahn hatte einen schärferen Geruch, und der Reitstall kam ihr mit einemmal verspielt, ja geradezu unwirklich vor. Seither ist sie bei den Rennpferden.

Wie gesagt, fünf Jahre war sie im Büro. Gegen Ende dieser Zeit verbrachte sie bereits jede freie Minute bei den Pferden, und wenn gerade Personalmangel herrschte, nahm sie sich kurzfristig einen Tag frei, um den ausgefallenen Pferdeburschen zu ersetzen. Als sie dann schon ihren ganzen Urlaub aufgebraucht hatte, nahm sie unbezahlten, und als man ihr den in dem einen oder anderen Fall nicht geben wollte, blieb sie dennoch fort. Von ihrem Chef zur Rede gestellt, versuchte sie ihm zu erklären, wie wichtig, ja geradezu lebensnotwendig ihr dieser Ausgleich – damals sagte sie noch Ausgleich – mit den Pferden sei.

»Was geht mich das an«, hatte der Chef erwidert, um dann einzulenken – schließlich war er all die fünf Jahre zufrieden mit ihr gewesen –, »ich kann schließlich nicht hineinschauen in Sie.«

Kurz darauf war bei einem anderen Trainer, nämlich bei ihrem jetzigen, eine Stelle als Pferdepfleger frei, und da er als jemand galt, der Frauen anstellte, sprach sie ihn daraufhin an.

Der Kündigung in der Firma ging eine grundsätzliche Auseinandersetzung mit ihrer Mutter voraus. Es war alles so gekommen, wie sie befürchtet hatte, doch würde sich die Mutter schon irgendwann trösten. Ihr Bruder studierte Medizin, das würde den Wunsch ihrer Mutter nach Status mit der Zeit befriedigen. Sie selbst glaubte ein Recht darauf zu haben, den Familienerwartungen nicht zu entsprechen, die nach dem frühen Tod des Vaters ohnehin auf die Erwartungen der Mutter reduziert waren.

Anfangs ist es ihr nur wichtig gewesen, bei den Pferden zu sein, mit ihnen umzugehen und zu leben. Dann erwachte auch in ihr der Ehrgeiz. Sie ist schon einige Rennen gefahren, und man sagt ihr Beherztheit, im besonderen Fall sogar eine aggressive Fahrweise nach. Daß sie nun im Gestüt arbeitet, ist ihr recht. Sie lebt gern auf dem Land und mag es, wenn die Tiere einen Auslauf haben. Aber wie lange das hier noch alles gutgehen wird, wagt sie selbst nicht vorherzusagen. Das Haus sollte renoviert werden, zumindest notdürftig. Aber das aufgenommene Geld hat nur für die zwanzig neuen Boxen, für die Koppeln und die Selbsttränkanlagen gereicht. Das Gestüt war lange Zeit leergestanden. Alle hatten sich vor den Kosten der Instandsetzung gescheut, da bei der Haltung von Rennpferden ziemlich knapp kalkuliert wird. Und wahrscheinlich hat auch der Trainer alles in allem zu knapp kalkuliert. Da ist kein Polster für Unvorhergesehenes. Eine Box, die leersteht, bringt nicht nur nichts, sie kostet etwas. Und Reitpferde einzustellen würde eine andere Art von Betrieb erfordern. Auch mag der Trainer die Reiter nicht. »Von denen glaubt jeder, er hat das Pferd erfunden«, sagt er.

Lara erklärt ihr beim gemeinsamen Sulky-Waschen, sie würde sich umbringen, wenn mit dem Gestüt etwas passiere. Sie denke nicht daran, sich immer wieder umzugewöhnen.

»Du gehst ohnehin nach Italien«, hatte sie ihr darauf geantwortet. »Ja, schon, aber bis dahin.«

Bodo ist es angeblich recht, wenn er vom Gestüt weg muß, und der Lehrling meint, es ziehe ihn schon längst unter Menschen. »Menschen?« – »Na ja, die Pferdeleute in der Rennbahn-Kantine.« Sie hat ihm keine heruntergehauen, nur die entsprechende Geste gemacht, nämlich daß ihm eine gebühren würde. Aber was soll er da anderes als lachen.

Wenn sie die Pferde auf die Außenkoppeln lassen, öffnet Lara die Boxtüren, der Lehrling steht mit der Gerte an dem Mittelstück hinter dem Haus – ein mit Stangen und lebendem Zaun eingegrenzter Gang, der über die Staubstraße zu den Feldern führt – und treibt, wenn die Pferde sich stauen, sei es, weil sie miteinander rangeln oder weil eines sich vor einem dahergewehten Stück Papier fürchtet, und dann muß noch sie an den Auslaufeingängen stehen und die Stangen verschieben, sobald eine Koppel voll ist.
Ein Tag von derart glücklicher Bläue, daß man die Rundung der Erdoberfläche ausnehmen kann, so flach wie die Felder sich hier in die Breite wölben. Die Wintersaat steht schon hoch, und die Zuckerrüben haben ausgeschlagen. Ein letzter Duft von Flieder, aus dem ein Teil des lebenden Zaunes besteht, der Haus, Stallungen und Innenkoppeln umgibt, weht mit dem Südost herüber. Ein taumelnder Rosenkäfer prallt gegen ihre Brust, wo er wie eine smaragdfarbene Brosche steckenbleibt. Sie schließt die unterste der Koppeln und schaut den Pferden zu, wie sie diagonal durch den rechteckigen Auslauf toben, als kennten sie die längstmögliche Laufstrecke. Einzelne Tiere grüßen von Koppel zu Koppel, und ihr Herz ist leicht, so leicht im Anblick all der Ausgelassenheit und Bewegung. Sie könnte stundenlang so stehen und zusehen, an die Koppelstangen gelehnt, den einen Fuß aufgestützt, und den Blick schweifen lassen. Auch der Trainer tut das manchmal. Er sagt, dabei könne er eine Menge

erfahren. Sie hebt die Hände über die Augen, geblendet von der Sonne und dem Licht, das aus der Mähne einer Füchsin zurückstrahlt. Einer der Wallache versucht bei einer Stute aufzureiten. Sie ist noch ein wenig rossig und läßt es zu. Drei Pferde kommen in vollem Schwung daher, die Stute wird ungeduldig und streift den sich vergebens mühenden Wallach einfach ab, daß er Mühe hat, nicht zu fallen, sie aber rast, den Schweif noch immer hochgestellt, mit den anderen davon.

Selbst Xanthippe, ihr sanftes »Mädchen«, balgt sich mit einem anderen Pferd herum und beißt es kräftig in den Hals, als es ihr lästig wird. Gleich darauf schlägt sie nach einer Stute, die ihr den Platz in der Ecke, wo noch etwas Gras wächst, streitig machen will. Womöglich nur eine Drohgebärde, denn sie trifft nicht, aber geschlagen hat sie.

Keine Wolke, nur eine Brise, die so leicht ist, daß sie kaum das Haar bewegt. Sogar das Holz der Koppelstangen duftet, das längst vertrocknete Harz öffnet seine Poren in der Sonne, und sein Geruch mischt sich mit dem nach Erde, Gras und Pferden, ein Geruch, der eine ganze Welt kennzeichnet. Neben ihr steht hechelnd der Komondor. Er neigt neuerdings zu Ekzemen, weswegen man ihm am Rücken den Pelz scheren mußte, die Zotteln von den Flanken reichen aber noch immer bis zum Boden.

Auf einer der Koppelstangen, etwas weiter weg, sitzt der junge Kater Daponte mit gleißendem Fell, ohne daß der Komondor ihn sieht.

Wie überall, wo Leben sich unbehelligt seine Gesetze schafft, entsteht auch unter Tieren verschiedener Art Zuneigung und Abneigung. So bevorzugen manche junge Katzen in der Zeit ihres Erwachsenwerdens die Gesellschaft eines der Hunde, vorzugsweise des Komondors. Das Drakul toleriert die Katzen nur um den Stall und jagt sie außerhalb des Grundstücks wie die Ratten. Und Werwolf hat nur ein einziges Mal eine Katze abgeschleckt, die wollte es sich nicht gefallen lassen und zerkratzte ihm die Nase, daß sie anschwoll wie ein Bovist.
Aber unter dem dicken Zottelbehang des Komondors sind schon einige Katzen gelegen, die auch die von ihm vorgenommene Säuberung über sich ergehen ließen. Merkwürdig ist, daß Freundschaften dieser Art oft nicht bestehen bleiben. Monate später leben jene Katze und der Komondor wieder nach den allgemeinen Regeln nebeneinander her. Es ist nichts mehr los zwischen ihnen.
Die Zuneigung zwischen Daponte und dem Komondor ist eine besonders ausgeprägte, die bereits seit Wochen anhält und sogar vom Trainer bemerkt wurde, der immer seltener über Nacht bleibt. »Entweder hat er eine neue Freundin«, sagt der Lehrling, »oder er muß sich um Intriganten und sonstige Übelwollende kümmern«, wie Lara behauptet.
Der Komondor hat sich ebenfalls auf die Hinterbeine gestellt und die Vorderpfoten auf die oberste Koppelstange gelegt. Sein Kopf stößt an ihren Arm, er möchte gestreichelt werden, aber er ist kein Streichelhund mit seinen dreckverklebten Zotteln und

dem wunden, von Heilpuder verkrusteten Rücken. Die Katzen stört das anscheinend nicht.

»Ist ja schon gut«, sagt sie und reibt mit den Ellbogen an seinen Ohren. In diesem Augenblick springt Daponte vom Zaun und schnürt in ihre Richtung, vielleicht will er ebenfalls gestreichelt werden.

Der Komondor, der erst jetzt, aufmerksam geworden durch die Bewegung, etwas sieht, ist schon unter der Stange durch und stürmt mit wehenden Wollschnüren auf den Eindringling – oder wofür er Daponte in diesem Moment hält – zu. Als der vertraute Geruch ihn trifft, ist er nicht mehr imstande anzuhalten, obgleich sein ganzer Körper sich der Friedensbotschaft in seiner Nase unterwirft. Er überschlägt sich und schlittert langsam gegen den Zaun, auf dessen oberste Stange Daponte sich verwirrt geflüchtet hat. Mißtrauisch und mit angedeutetem Buckel blickt er auf den bereits wedelnden Komondor hinab, der nun winselnd den Kopf auf die mittlere Stange legt, auf die abzusteigen sich Daponte dann doch, wenn auch zögernd, herabläßt. Sie beriechen einander ausführlich, und die Zunge des Komondor fährt bekräftigend über die Pfoten des Katers.

Neugierig, aber verständnislos schauen ihnen ein paar Pferde zu, doch als sie entschlossen herantraben, schlüpfen Hund und Katze auf die andere Seite des Zauns und trotten dann – wie im Gespräch und sich zwischendurch ein wenig umtuend – gemeinsam zum Stall zurück. Das Drakul kommt gelaufen, doch in diesem Augenblick überschreiten beide die an jener Stelle vorhandene, unsichtbare Grenze zwischen drinnen und draußen, und das Drakul kommt freundlich auf den Komondor zu, den Kater ignoriert es. Dennoch macht Daponte sich so rasch wie möglich aus dem Staub.

Lara sitzt unter dem Hollerbusch neben dem Brunnenhäuschen, der Stalleinfahrt gegenüber, und rollt Bandagen auf. Sie hat das Radio laufen, ukrainische Volksmusik, mit diesen das Knochenmark aufstierenden Oktavschlüssen.
»Soll ich dir helfen?« Sie ist mit ihrer Arbeit fertig, aber die Luft ist so mild, daß sie gerne noch im Freien bliebe.
»Brauchst du nicht. Bin heute ich dran.« Es ist deutlich, daß Lara ihre Musik allein hören möchte.
»Dann eben nicht.« Sie hat sich geduscht und umgezogen. In der Halle ist es dunkel, und sie möchte nicht fernsehen. Die Hunde kommen auf sie zu und wollen gekrault werden. Sie kratzt ihnen abwechselnd den Bauch und wäscht sich dann die Hände in der Regentonne. Die sehen wirklich schlimm aus. Sie mit Schmalz einreiben und alte Handschuhe drüberziehen während der Nacht, hat ihr die Bäurin geraten, bei der sie manchmal Eier holt. Viel zu umständlich, und dazu der Geruch, wenn das Schmalz von der Körperwärme langsam ranzig wird.
Sie geht um das Dorf herum, das so klein ist, daß es eigentlich nur aus einer sich gabelnden Straße besteht, die zu beiden Seiten von Häusern gesäumt ist. Dreihundert Seelen, wie man früher gesagt hat. In keinen der Höfe kann man hineinschauen, die riesigen Einfahrtstore an der Feldseite, durch die die Mähdrescher und Rübenhäcksler ausfahren, sind schon geschlossen. Die Wohnküchen, in denen die

Familien sich aufhalten, haben die Fenster in Richtung Innenhof, um diese Zeit wirkt das Dorf bereits wie erstorben. Selbst die Kinder meiden das Freie, es gibt auch gar nicht mehr viele. Ein VW-Bus holt sie morgens vor dem Gemeindeamt ab und bringt sie zur Schule.

Hinter der Kirche gibt es noch ein paar Häuser, sie wirken ärmlicher als die zwischen Kirche und Wirtshaus. Danach ist nur mehr der Friedhof und der Rübenwaagplatz, ein freies betoniertes Stück Feld mit einem kleinen Waag-Häuschen. Zur Zeit der Rübenernte graben die Traktoren tiefe Furchen in die Staubstraßen, verlieren Lehm in großen Stükken, die das Muster des Radprofils haben, sowie vereinzelte Rüben auf dem Asphalt, wenn sie durchs Dorf fahren. Auf dem Waagplatz türmt sich dann allmählich ein meterhoher Berg, auf den immer noch draufgeladen wird, und das ganze Dorf vibriert vom Lärm der schweren Maschinen, die pausenlos im Einsatz sind. Das nennt man dann »Rüben-Kampagne«, und die Bauern nehmen sich kaum noch die Zeit zum Grüßen.

Sie quert die Dorfstraße und steht nun vor dem Haus der Trappenzüchter. Sie hat die beiden seit Tagen nicht gesehen, ist aber unschlüssig, ob sie anläuten soll oder nicht. Da öffnet sich die Tür von selber.

»Ich hab dich vom Fenster aus gesehen«, sagt Gitta, »komm rein.« Das Haus ist so klein, daß sie sowohl in den straßenseitigen als auch in den hofseitigen Zimmern leben, während im ehemaligen Schuppen

die Brutkästen und das Futter untergebracht sind.
Gitta trinkt Milch und bietet ihr auch welche an. »Jurek ist zum Chef in die Hauptstation gefahren. Vielleicht geht er auch noch ins Kino. Hier ist ja wirklich nichts los, ich kann schon verstehen, daß er die Gelegenheit nützt.« Sie sagt das mit einem Unterton, ein ganz klein wenig leidende Madonna. Vor ihr, auf dem Tisch, liegt ein Buch aufgeschlagen, in dem Föten in verschiedenen Stadien abgebildet sind. Gittas Blicke kehren immer wieder dahin zurück, obgleich sie die üblichen Fragen stellt, wie es denn so gehe unter den Pferdeknechten und Roßtäuschern, ob alle gesund seien, Mensch und Vieh. Es sei ja schlicht ein Wunder, daß die Pferde all den Streß, dem sie im Rennen, aber wohl auch im Training ausgesetzt seien, dennoch überlebten, und was ihr sonst noch an Launigem einzufallen pflegt, wenn sie sich treffen.
Es gehe allen bestens, antwortet sie, bis auf die beiden Koliken letzte Nacht – aber die seien ja nun vorüber –, die üblichen Beinschäden, einmal Kreuzschlag und Huffäule in mehr als drei Fällen. Und dazu sei noch eine der Katzen an Staupe eingegangen. Da sie alle schwarz sind, muß der Tierarzt eine doppelt geimpft, eine andere aber ausgelassen haben, sie wüßten aber nicht, welche eingegangen sei, die gar nicht oder die doppelt Geimpfte.
»Wecken dich auch nachts die Pfauen?« In einem der großen Höfe, der einem kinderlosen Paar gehört, gibt es Pfauen, aber dieser Hof ist eigentlich

viel näher am Gestüt als das Trappenhaus. »Du meinst, in der Früh?« Gitta nickt. »Sehr zeitig in der Früh. Und es klingt, als würden Kinder gemeuchelt.« Dabei greift Gitta sich unwillkürlich an den Bauch.
»Bist du schwanger?« Vielleicht sollte sie nicht so direkt fragen, aber es scheint ihr eindeutig.
Gitta lächelt. »Ich weiß es auch noch nicht lange.«
»Und, wirst du das Kind hier zur Welt bringen und zusammen mit den Trappen aufziehen?«
»Wir werden abgelöst, in drei Monaten. Dann ist Jurek mit seiner Dissertation fertig, und nach der Promotion gehen wir zurück nach Deutschland.«
»Und du, was wirst du machen?«
»Ich habe schon promoviert, nur sage ich es nicht jedem. Wir arbeiten hier zwar gemeinsam, doch offiziell ist es Jureks Job, ich helfe bloß.« Gitta spricht hastig, um nur ja keinen falschen Eindruck zu erwecken. Sie aber lacht. »Immer dasselbe. Und du freust dich wohl noch.«
»Natürlich freue ich mich auf das Kind.«
»Das meine ich nicht. Sondern daß es dir gelingt, so diskret neben Jurek herzuleben.«
Gitta zuckt beleidigt mit den Schultern.
Sie hat es nicht bös gemeint. »Ihr geht also weg. Ist wohl nicht das Richtige für euch.«
»Ein bißchen eintönig. Und um dieses Kaff zu ertragen, müßte das Projekt interessanter sein.«
»Würdest du das auch vor Jurek sagen?« Sie lachen

beide. »Ach, hör auf«, Gitta gluckst, »du tust doch nur so. Aber eines Tages wird es dich auch erwischen, und dann gnade dir Gott. Typen wie du tun sich besonders hart und sind leidenschaftlich, grr...«

»Jetzt gackerst du wie einer eurer komischen Vögel da draußen. Trotzdem werde ich es dich wissen lassen, wann das Drama stattfindet, damit du was zu staunen hast.«

Gitta lacht und lacht, daß ihr die Tränen kommen. »Wenn ich mir den Kerl vorstelle, der deiner Herr werden soll... Ein Gott in Pferdegestalt. Etwas anderes käme für dich ja nicht in Frage.«

Sie spielt mit, was soll sie auch anderes tun in dieser Lage. »Kennst du einen? Wenn ja, du weißt, wo ich wohne. Nach Möglichkeit in Gestalt eines Rappen, bitte, mit Augen wie glühende Kohlen, einer Mähne aus Rabenfedern und silbernen Hufen in der Form von Mondsicheln. Und wenn er schreit, sollen im ganzen Dorf die Fensterscheiben zerspringen, damit ihr euch alle anmacht.«

Gitta gießt Milch nach und setzt dann den Krug hart auf dem Tisch auf.

»Das würde dir so passen, du mit deinem Prachthengst und wir anderen sollen uns mit unseren kleinen Gockeln, Hamstern und Maulwürfen begnügen. Wenn Wünsche dieser Art in Erfüllung gingen, hätte ich auch lieber einen Panda.«

»Einen Panda?« sie verschluckt sich fast vor lachender Verwunderung. »Wie kommst du ausgerechnet auf einen Panda?«

»Die sind so selten, und ich habe einen Hang zu Ausgefallenem.«
»Jetzt versteh ich erst den Witz mit dem Trappenzüchter. Ich muß schon sagen, Gitta...«
Gitta fährt sich übers Gesicht wie Jurek, wenn er seinen Bart streicht, und sagt mit tiefer Stimme, »Weißt du, Liebling, dabei handelt es sich um eine Art, die so gut wie ausgestorben ist, vergiß das nicht.«
Sie aber sagt mit Gittas Stimme: »Wie könnte ich, Liebling. Wenn wir mit dem Projekt Erfolg haben, wirst du noch als Trappen-Vater in die Geschichte der Ökologie eingehen.«
Gitta wischt sich die Lachtränen ab. »Das geht mir gerade noch ab, Trappen-Vater, du weißt scheint's, wovon du redest. Du solltest ihn hören, Jurek fängt schon im Mutterleib mit der Erziehung an. Das sei nämlich der Sinn der Vererbungslehre, daß man die Variablen rechtzeitig erfaßt.« Gitta kichert exaltiert und blättert mechanisch in dem Buch mit den Föten.
»Dann ist es ja gut, daß ihr von hier wegzieht, in irgendein friedliches Institut ohne Feldforschung. Einer der großen alten Männer in eurer Wissenschaft soll seine Kinder in Käfigen gehalten haben, damit sie von seinen frei herumlaufenden Tieren nicht verletzt würden. Na ja, bei euren Vögeln ist die Gefahr wohl nicht so groß.«
»Sag das nicht. Die Tiere werden zwar zahm, aber weißt du, wie sie hacken?«
So wie Gitta das sagt, ist die Zukunft schon da. »Ich

glaub's dir, ich glaub's dir. Aber die Gefahr scheint ja im Augenblick gebannt.«

Gitta steht auf. »Willst du mit mir essen? Ich muß nur noch vorher nach den Brutkästen sehen.«

»Danke.« Sie schaut auf die Uhr. »Ich muß zu meinen Sargnägeln. Wenn die Lara in der Futterküche hören, schlagen sie die Boxwände ein.«

»Also dann.« Gitta begleitet sie zur Tür.

Als sie zum Gestüt kommt, sieht sie das Auto der Freundin des Trainers in der Einfahrt stehen. Lara hat tatsächlich schon zu füttern begonnen, und sie hat zu tun, um mit ihr gleichzuziehen.

»Hast du gesehen, wer da ist?« fragt sie Lara, als sie die leeren Kübel ineinanderstellen.

»Hm«, macht Lara. »Sie sind drüben in der Halle. Sie wollte mit ihm reden.«

»Sollen wir noch warten, falls sie uns nicht dabeihaben wollen?«

Lara zuckt die Achseln. »Weiß ich doch nicht.«

Gerade als sie das große Stalltor schließen, sehen sie die Freundin des Trainers zu ihrem Auto laufen. Eine Tür schlägt zu, und man kann das Kreischen des geschundenen Motors hören.

»Wenigstens grüßen hätte sie können.«

»Das verstehst du nicht«, brummt Lara.

Eine Nacht wie viele. Werwolf hat angeschlagen. Sie ist aufgewacht und hört, wie das Drakul sich vor ihrer Tür aufrichtet. Vielleicht war es nur ein Hase oder ein Fasan, nichts, was den Stall betrifft, denn das Drakul bleibt ruhig. Sie hat wieder denselben Traum gehabt oder zumindest einen ähnlichen. Sie fährt mit der Hand über das Kissen, niemand ist da, nicht einmal eine Katze. Wenn sie den nackten Arm an den Stoff ihres Nachthemds preßt, gibt es für den Bruchteil eines Augenblicks die Illusion eines anderen Körpers. Ist, was sie erinnert, tatsächlich Erinnerung oder schon Traum?
Sich mit nichts anderem begnügen können. Das Kind wäre jetzt bereits sieben. Ein Mädchen, hat es geheißen. Das ist nicht Treue, das ist Hörigkeit. Ist sie verrückt, abnorm? Oder ist es nur dieser Mangel an Gelegenheit, an annehmbarer Gelegenheit? Die verlorene Hoffnung auf Vertrautheit?
Der Trainer hat eine neue Freundin, die alte läuft heulend fort. Bodo hat eine Frau geschwängert und onaniert in seiner Kammer zu lauter Musik. Und Lara schwärmt, auf ihre verbissene, hartnäckige, tiefempfundene Art. Lauter Irre? Gitta wünscht sich einen Panda als Vater für ihr Kind, und die Tochter der Wirtin will ins Kloster. Else ... Else ist vielleicht die einzige, aber um welchen Preis? Wahrscheinlich spricht sie zu niemandem darüber, daher die absurden Gerüchte. Aber sie kann noch immer mit diesem Mann Hand in Hand über die Felder gehen. Das täte sie auch gerne. Sie sieht die Hand, den Arm, die Schulter, den Kopf, aber der

Kopf ist gesichtslos. Sie kann sich das Gesicht nicht mehr in Erinnerung rufen. Es ist das einzige Gesicht, das sie sich auf ewig hat merken wollen. Aber da sind nur Brust und Lenden und Beine und das andere, dieser andere, der eine kurze Zeit sie war. Dessen Stimme in ihrem Schreien, dessen Atem in ihrem Mund war. Dessen Haut an der ihren weich wurde wie ihr Haar, das auf seiner Schulter lag. Wie wahnsinnig muß man sein, um einen solchen Augenblick abgetrennt von allem anderen über mehr als sieben Jahre lebendig zu halten? Lieber würde sie sich zu einem Pferd in die Box legen, als jemanden wie Bodo in ihr Bett zu lassen.

Einer der jungen Bauern hat sie neulich zum Tanzen eingeladen. Ein feister Typ, der nicht einmal vom Traktor stieg, als er mit ihr sprach. Und als sie ablehnte, meinte er: »Häng den Brotkorb nicht so hoch, wird alles schimmlig, verstehst du, schwarz und schimmlig.« Ein anderer hatte ihr beim Feuerwehrball erzählt, daß die Bauern, bevor sie mit einem Mädchen zum Tanzen gingen, zuerst fragten, wieviele Joch es habe. Trotzdem gibt es Bäurinnen, die freundlich sind.

Ihr Körper schwitzt, sie kennt ihn und weiß, daß er sie ist. Warum läßt er sich nicht besser täuschen? Warum gelingt es ihr nicht, ihn zufriedenzustellen, ohne daß er mit Ekel reagiert? Und warum ekelt er sich nie vor einem Pferd, läßt sich jede Berührung von Fell gefallen? Was ihm an Menschlichem gefiele, kommt nicht in seine Nähe, warum also so leben? Eine übertriebene Abneigung gegen Stickiges?

Warum hatte sie im Büro immer das Gefühl gehabt, alles sei stickig? Einen Hund oder ein Pferd kann ihr Körper verstehen, warum so wenige Menschen? Stolz? Überheblichkeit? Um dann im Traum nach Stiefeln zu gieren, wenigstens nach den Stiefeln? Warum immer nur dieser einzige? Der unwiederbringlich ist, entschwunden, verschwunden, nicht mehr vorhanden. Nicht tot, aber so gut wie tot. Für sie tot. Wenn er wirklich tot wäre? Sie könnte sich leichter befreien, einen anderen Atem tauschen mit dem ihren. Spüren, daß alles gut wird. Nichts wird gut, ohne daß sie tötet. Sie wird zugrundegehen an diesem nicht vollzogenen Absterben.
Unsinn. Es ist dieser Mangel an Gelegenheit. Eines Tages wird sie den Blick heben und wissen, daß der *andere* gestorben ist und wieder lebt. Anders. In anderer Gestalt, mit einem Gesicht, das ihr zukommt. Mit einer Stimme, die die ihre ist. Mit Armen, die sie aus sich hinüberheben in einen anderen Leib. Mit einer Liebe, die Liebe ist, gleichgültig um welchen Preis. Es ist nicht zu spät, sie muß nur Geduld haben. Es trifft einen dann, wenn man es am wenigsten erwartet. Was Else sagt, stimmt, »es ist nie egal«. Aber vielleicht geschieht es nicht. Vielleicht steht man immer nur einen Schritt weit entfernt, einen Schritt zu weit.
Wenn sie Glück hat, wird sie noch einmal einschlafen können. In Kürze geht die Sonne auf, man ahnt es schon an den Rändern des Fensters. Die Katze zwängt sich durch den Kippspalt, sie friert und möchte unter die Decke.

»Daß ein Vieh nur so blöd sein kann«, sagt der Trainer. Der Komondor liegt wie immer in der Zugluft und zittert leise. Die Eisheiligen treiben ihr Unwesen. »Der weiß noch immer nicht, daß er am Rücken kein Fell mehr hat.« Der Trainer nimmt eine der alten Pferdedecken, die zum Waschen und Ausbessern zu einem Stoß aufgeschichtet werden, und will sie dem Komondor über den kahlen Rükken legen. Der Komondor knurrt seinen Herrn an. Alle schauen verwundert auf, am verwundertsten der Trainer selber. Er zögert einen Augenblick. Das ist es, was sie am Trainer schätzt, worin er ihr noch immer voraus ist. Er vollführt noch einmal genau dieselbe Bewegung, bückt sich nach der Decke, der Komondor knurrt, dennoch hebt der Trainer langsam die Decke hoch, den Hund im Auge behaltend und ihn beim Namen nennend, zuerst begütigend, dann leise drohend. Der Hund zieht die Lefzen zurück. Er, der Gutmütigste von allen, der Umgänglichste – obwohl es heißt, ein Komondor neige dazu, im Alter scharf und unberechenbar zu werden – knurrt seinen Herrn an. Sie kann es nicht fassen. Und nicht nur das, er schiebt seinen Kopf immer weiter vor, als wolle er angreifen. Das kommt einem Todesurteil gleich. Ein Hund, der sich seinem Herrn gegenüber grundlos so verhält, gilt als dermaßen gefährlich, daß man ihn nicht am Leben lassen kann. Grundlos? Welchen Grund könnte er haben? Es ist keiner ersichtlich. Der Trainer hat die Decke zur Gänze hochgehoben, und plötzlich fällt aus ihr ein Knochen. Der Hund schnappt danach und saust damit aus dem Stall. Der Trainer läßt die Decke fallen und schüttelt den Kopf. »Kann er das nicht gleich sagen?« Sie lacht erleichtert. Keiner der Hunde ist dressiert. Ein dressierter Hund hätte jetzt den Knochen hergeben müssen, damit man weiß, daß die Dressur noch funktioniert. Aber der Trainer braucht keine dressierten Hunde. Ihm genügt es, Pferde zu trainieren. Auch sei er zu bequem, sagt er, die Hunde all das einmal Beigebrachte immer wieder abzufragen. Wenn es nach ihm gehe, würde er am liebsten allen Pferden einen Gespitzten, das heißt einen Tritt geben und sie hier in der Gegend freilassen. Und dann würde er sich gerne einen fahrbaren Liegestuhl mit einer eingebauten Bar zu den Sanddünen bringen lassen, sich hineinlegen und den ganzen Tag zuschauen, wie die Pferde herumtollten und sich um ihn überhaupt nicht kümmerten. Aber am zweitliebsten fahre er Rennen, und da er nichts anderes gelernt habe, müsse er damit sein Geld verdienen.

»In Wirklichkeit gibt es keine Pferdeliebhaber, Böckin, glauben Sie mir. Theoretisch ja, da glaubt jeder, der auch nur einmal einen Schilling für ein Pferd ausgegeben hat, an sich als den großen Liebhaber. In der Praxis muß dann ein Pferd etwas leisten, es muß verdienen, damit es am Leben erhalten wird. Und je mehr Wasser die Leute von ihrem Loschek hermachen, desto gieriger warten sie darauf, daß der Loschek endlich zeigt, was für ein Rennpferd er ist. Der Besitzer kann sich natürlich nicht getäuscht haben. Wenn er schon ein Pferd kauft, dann eines, das gewinnt oder sich zumindest selbst erhält, und was ein richtiger Besitzer ist, der sieht so was. Also muß die Schuld beim Trainer liegen, wenn der Loschek kostet, anstatt daß er bringt. Das ist die Wahrheit. Aber nicht einmal ich kann mir ein Pferd leisten, das gewinnsummenmäßig tot ist, und Ihnen wird es nicht anders gehen. Sobald ihr Stutfohlen die Rennbahn betritt, werden Sie nichts anderes mehr im Kopf haben als seine Zeiten. Die Verquickung von Zuneigung, Leidenschaft, Rekord und Rennpreisen ist endgültig. Und selbst wenn Ihr Pferd siebenjährig in die Zucht geht, werden Sie schon darauf warten, welchen Eindruck, das heißt welchen Rekord die ersten Produkte machen, damit sie für die weiteren einen anständigen Preis bekommen. Ansonsten können Sie sich nämlich eine Mutterstute gar nicht leisten. In Wirklichkeit sind wir alle nichts anderes als Zuhälter, und nur als Zuhälter sind wir auch Liebhaber.«

Sie weiß nicht, was sie darauf sagen soll, und arbeitet schweigend weiter. Zuhälter – auch nur ein Wort. Sie will nicht zulassen, daß ein Wort sie verletzt.

Der Tierarzt ist angesagt. Es ist der Distriktstierarzt, der nur deshalb so viel von Pferden versteht, weil es das große Vereinsgestüt in der Gegend gibt. Er wird bei allen Notfällen gerufen, aber auch bei Grippeepidemien, zum Impfen und zum Kastrieren, während für kompliziertere Beinschäden oder für die Blutprobenentnahme, nach der die Fütterung zusammengestellt wird, der Rennbahntierarzt zuständig ist.

Heute kommt der Distriktstierarzt zum Zähneraspeln. Ein älterer Mann, der gern einen Schnaps trinkt und die Proben von der Fleischbeschau an die Hunde verfüttert, die ihn daher schon umwedeln, sobald er aus dem Auto steigt. Sie bellen zwar pflichtgemäß, um ihn zu melden, und während er dann im Stall arbeitet, pinkeln die Rüden mehrmals gegen die Reifen seines Wagens, der Komondor vorne und Werwolf hinten, aber ansonsten hat der Tierarzt nichts von ihnen zu befürchten.

Während er die Fleischproben verteilt und darauf achtet, daß auch das Drakul etwas bekommt, schickt der Trainer sie nach Hermes, der als zweiter drankommen soll, zur hinteren Innenkoppel. Sie hat vergessen, daß in der vorderen der Verrückte steht, der immer den Kübel über die Boxwand schleudert, also verläßt sie sich auf Hermes. Es ist auch schon zu spät, außen herumzugehen, ohne vor den anderen das Gesicht zu verlieren. Schließlich hat der Trainer ihr oft genug eingeschärft, nie mit einem Hengst in die Reichweite eines anderen zu kommen. Aber auch sie weiß, was ein Pferd ist.

Und sie kennt Charakter und Eigenart der ihren. Wenn sie den Verrückten führen würde, wäre das etwas anderes, bei dem würde sie mit allem rechnen, nicht aber bei einem Pferd wie Hermes. In diesem Augenblick kommt der Verrückte vom anderen Ende der Koppel her angaloppiert, schreit und steigt, daß seine Vorderhufe gegen die oberste Koppelstange schlagen. Sie spürt deutlich, wie Hermes zusammenfährt. Er ist ruhig und mit gesenktem Kopf neben ihr hergetrottet. Gleich darauf aber reißt er das Maul in die Höhe und antwortet. Natürlich ist sie schuld. Sie ist auch näher als unbedingt nötig an der Koppel vorbeigegangen. Jetzt erscheint ihr das selber eine Herausforderung. Sie weiß, daß sie nicht loslassen wird. Es sieht so aus, als würde der Verrückte jeden Moment über den Zaun springen. Wenn er sich bloß nicht an den Beinen verletzt, er soll am nächsten Renntag starten. Hermes herrscht ihn an. Dabei wendet er den Kopf so plötzlich, daß sie, am Führstrick hängend, gegen den Zaun geschleudert wird und Hermes durch den Schwung geradezu mitzieht. Mit offenem Maul und entblößten Zähnen erwartet ihn der Verrückte. Hermes macht einen Satz und steht nun mit dem beschlagenen Huf auf ihrem Fuß. Noch fühlt sie den Schmerz nicht, nur Wut darüber, daß nun etwas seinen Lauf nimmt, das zu verhindern gewesen wäre. Sie spürt die beiden Tiere neben und über sich, ineinander verbissen. Holz splittert, Atem keucht, sie weiß nicht, wohin mit ihrem Kopf, sobald die beiden voneinander ablassen, um zu einem neuen Biß auszuholen. Der eine versucht, zwischen den Koppelstangen heraus-, der andere hineinzukriechen. Worum es ihnen geht, das ist der entscheidende Biß in die Hoden. Wie lächerlich, schießt es ihr durch den Kopf, keiner von beiden ist gut, das heißt schnell genug, um als Deckhengst gekört zu werden, und wenn, dann nie für ein Rennpferd, höchstens für ein paar Reitpferde. Und auch das erst, wenn sie ausjährig sind und nicht mehr im Rennen laufen. Wozu also das Theater? Und sie schreit die beiden mit ganzer Kraft an. »Hermes, Harun!« Ein leises Zucken, der Biß lokkert sich, aber nur um eine zum Angriff geeignetere Stelle zu finden. Harun, der Verrückte, erwischt sie am Arm. Doch sie trägt den Wolljanker, und der dicke Stoff saugt sich voll mit dem Speichel des Pferdes. Wenn es nur nicht noch einmal nachschnappt! Jetzt kann sie auch nicht mehr versuchen, Hermes wegzuziehen, jetzt hängt sie selber mit drin, und Hermes' Huf steht noch immer auf ihrem fühllosen Fuß.

Die Sekunden dehnen sich, warum kommt denn keiner, sie müssen es doch längst bemerkt haben. Die oberste Stange kracht unter dem vollen Druck von Hermes' Schulter. Da ist plötzlich Philipp. Beherzt, so wie er sich damals auf den einzureitenden Galopper gestürzt hat, steht er nun neben ihr und taucht Hermes von ihrem Fuß herunter.

»Geh weg!« hört sie den Trainer rufen, »sonst passiert wirklich noch was.«

Sie spürt, wie der Schmerz in ihren Fuß einschießt.

Von ihrer Jacke fehlt der Ärmel, den der Verrückte angesichts des Trainers mit der Geißel in einem Ruck abgerissen hat.
Hermes läßt sich, sobald man ihn von dem Verrückten weggetrieben hat, widerstandslos in den Stall führen. Er schnaubt noch, aber eher von der Anstrengung als vor Aufgeregtheit, letztlich doch ein Besonnener. Der Verrückte aber droht sogar dem Trainer.
Sie muß sehr weiß im Gesicht sein, denn der Tierarzt holt einen Stuhl und sagt, sie soll sich hinsetzen. Er schaut ihren Fuß an. Es ist wohl doch nur eine aufgequollene Fleischwunde, besser gesagt eine Rißquetschung, zum Glück. Er sprüht von dem violetten Pferdedesinfektionsmittel etwas darauf. Das brennt, daß ihr die Augen feucht werden.
»Gegen Tetanus sind Sie geimpft?« Sie nickt. »Und wie steht es mit einem Schmerzmittel?« Sie hat eines von ihrem Bruder, dem Mediziner. Am Arm fehlt ihr nur ein Stück Jacke.
»Alles in Ordnung?« ruft der Trainer, der noch immer von Harun bedroht wird, ihn sich aber mit der Geißel vom Leib hält. Man sieht, wie er die Beine des Pferdes studiert, offenbar sind sie unverletzt geblieben, das ist die Hauptsache. Um die Bißwunden kümmert er sich nur wenig, so beißen die Pferde einander auch manchmal auf den Koppeln. Als der Verrückte sich endlich auf die Vorderbeine zurückfallen läßt, beginnt seine Lektion. Er wird gehetzt. Rundum, rundum durch die Koppel, zehnmal, zwanzigmal. Jetzt ist er wieder das trai-

nierte Pferd, das dem Tupfen der Geißel gehorcht, schwitzend und keuchend.
»Aufhören«, sagt sie, »die Schuld liegt bei mir.«
Der Tierarzt legt ihr die Hand auf die Schulter. »Dieses Pferd ist ein Rennpferd.«
»Aber es kann nichts dafür!« Tränen aus Schmerz und Wut rinnen über ihre Wangen.
»Darum geht es doch gar nicht, meine Liebe. Ein Pferd kann im Sport nur überleben, wenn es lernt. Man wird es ohnehin kastrieren müssen.«
Sie kann vor Tränen weder Mann noch Pferd sehen.
»Glauben Sie, irgendein Schwein, ein Huhn oder eine Kuh kann etwas dafür? Die Pferde haben zumindest einen gewissen Anspruch. Aber das wissen Sie selber am besten.«
Und noch eine Runde und noch eine. Das Pferd keucht so laut, daß man vermeint, seine Lunge löse sich in Schaum auf. Der Tierarzt schaut auf die Uhr: »Ich glaube, es reicht.«
Der Trainer läßt die Geißel sinken, und das Pferd fällt in sich zusammen, lehnt sich an den Koppelzaun. Der Trainer ruft nach dem Lehrling: »Hol einen Strick und führ ihn in den Stall.« Langsam setzt der Hengst Huf vor Huf. »Reib ihn gut ab, damit er sich nicht noch erkältet.« Eingefallen und gedemütigt, so schleppt sich das Tier an ihnen vorbei. Der Trainer ist nicht einmal wütend. Er läßt sich ihren Fuß zeigen. »Soll ich Sie zum Arzt bringen?« Sie schüttelt den Kopf, weigert sich, ist doch nur eine Fleischwunde. Sie wird ein Schmerzmittel

nehmen und sich hinlegen. Der Trainer erspart sich jede Bemerkung. Sie ist ihm dankbar dafür. »Gehen Sie ins Bett«, sagt er zu ihr, und zum Tierarzt, »wir machen weiter.«

Sie jedenfalls hat ihre Lektion gelernt.

Sie haben drei Rennen gewonnen an diesem Tag. Zwei der Trainer und sie ihr letztes Lehrlingsrennen. Sie würde nun bald die Berufsfahrerprüfung machen, eine Lappalie, nachdem sie schon so lange bei den Pferden ist. Der Besitzer, der ihr sein Pferd zu fahren gegeben hat, lädt sie alle zum Essen ein, in einen Gasthof auf halber Strecke zum Gestüt. Der Trainer hat wieder einmal den guten Vorsatz, den Arbeitsplan für die kommende Woche noch in dieser Nacht zu machen. Entweder gibt es doch keine neue Freundin, oder sie kommt nicht auf die Rennbahn. Den ganzen Renntag war weit und breit niemand zu sehen gewesen, der in Frage käme. Lara sitzt neben dem Trainer und strahlt düster.
Drei Siege, ein dritter und ein fünfter Platz. Alle Starter im Geld, ein erfolgreicher Tag, Ausgleich für viele weniger erfolgreiche.
»Gratuliere«, sagt der Besitzer.
»Die zwei Platz-Rennen wären übrigens auch zu gewinnen gewesen.«
Der Trainer blickt über den Rand der Speisekarte zum Besitzer hin. »Aber ich wollte nicht.«
»Und warum nicht?« Der Besitzer glaubt an einen Scherz.
»Weil ich blöd bin.« Lara lacht, sie weiß es besser.
»Ich fahre ein Pferd nie voll aus, außer im Derby.«
Der Besitzer wiegt den Kopf. Im großen und ganzen weiß er, wovon die Rede ist.
»Wenn ich in einem Rennen aus einem Pferd alles

herausholе, kann es eine Weile nicht mehr starten. So aber kann es noch Plätze machen, und wenn es eine echte Chance hat, gewinnt es ohnehin.« Das ist auch auf sie gemünzt. Sie hat es den Trainer oft und oft sagen hören. »Man muß sein Material schonen. Eine einmalige und totale Erschöpfung bringt nichts, weder dem Trainer noch dem Besitzer.«
Der Besitzer lacht. »Ich bin trotzdem zufrieden, daß es heute geklappt hat. Sie nicht auch?« Sie merkt, wie ihr die Röte aufsteigt.
»Das ist schon in Ordnung.« Der Trainer schaut zu ihr herüber. »Aber eine halbe Länge hätte auch genügt.«
Sie hat um mehr als drei Längen gewonnen. Das Pferd ist einfach nicht mehr zurückzunehmen gewesen. Oder war es doch nur der Taumel, in dem sie sich plötzlich befand, die Gewißheit, zu siegen? Und das Schreien der Zuschauer, dieses unverwechselbare Brausen, das anschwillt und wie das Rauschen des eigenen Blutes ist?
»Verderben Sie ihr doch nicht die Freude.« Der Besitzer meint auch seine Freude damit. Wer sieht nicht gerne sein Pferd drei Längen vor dem Feld über die Ziellinie gehen?
»Bist du rasant gefahren«, sagt Lara anerkennend, »hast auch gewinnen sollen.«
»Ist ja in Ordnung.« Der Trainer versenkt sich wieder in die Speisekarte. »Nach den ersten hundert Rennen hat man das besser im Griff.«
»Schnell fahren kann bald einer«, krächzt der Lehrling vorlaut, »aber mit Hirn, da gibt's wenige.«

»Du hast es notwendig.« Lara boxt ihn in die Seite, daß er verhalten aufjault.
Der Besitzer ist ein kleiner Besitzer, er hat nur dieses eine Pferd. Er ist Vertreter bei einer Gummiwarenfirma, und man kann von ihm Autoreifen und Luftmatratzen zum Einkaufspreis beziehen. Ein kleiner Zuhälter, wie der Trainer sagen würde, geschickt und hilfsbereit. Wann immer es seine Zeit erlaubt, kommt er zum Langsam-Fahren an rennfreien Samstagen ins Gestüt hinaus. Ein Raison-Spieler, der nur setzt, wenn er genau weiß, daß ein Pferd eine Chance hat, kein Hasardeur, der sein Geld an der geringsten Hoffnung festmacht. Meist hält er sich an die Ratschläge des Trainers, verkauft, wenn sein Pferd ein paarmal gewonnen hat, weil er dann einen guten Preis erzielt und abzusehen ist, daß es demnächst auf die Weide muß. Dann kauft er ein neues Pferd, das der Trainer für ihn ausgesucht hat, läßt es aufbauen und gewinnt wieder. Außer einem gewissen Grundeinsatz, sagt er, kosteten ihn die Pferde wenig. Wenn auch nicht immer alles nach Plan verläuft. Eine kleine Verletzung, ein nicht vorherzusehender Formabfall ... aber insgesamt kommt er gut durch. Und er sei das ganze Jahr über beschäftigt, brauche kein anderes Freizeitvergnügen, denn der Pferdesport, zumindest das Trabrennen, sei ja saisonunabhängig.
»Ich wüßte ein neues Pferd für Sie.« Der Trainer zündet sich noch eine Zigarette an, da das Essen erfahrungsgemäß immer dann kommt, wenn man sich gerade eine Zigarette angezündet hat.

»Eines von denen, die L. verkauft?« Der Besitzer ist hellhörig geworden.
Der Trainer nickt. »Ich bin natürlich interessiert daran, daß die besseren Pferde bei mir bleiben. Wenn alle weggehen, muß ich Leute entlassen.«
Sie zuckt, obwohl sie weiß, daß als erster Bodo drankommen wird, der heute Stalldienst hat. Aber nicht nur Bodo, längerfristig gesehen ist auch das Gestüt in Gefahr.
»Wenn die Pferde von L. weggehen, bekommen Sie doch leicht andere dazu. Ich sehe da kein Problem. Es sind genug Pferde auf der Rennbahn, denen das Gestüt guttäte.«
»Das schon, aber die Leute zahlen nicht mehr, vor allem die großen Besitzer. Es wird langsam anders. Wenn ein Kleiner nicht zahlt, läßt sich das ein paar Monate schleppen, bei den Großen fängt alles zu krachen an.«
Die Kellnerin kommt mit der Suppe, und der Trainer tötet seine Zigarette aus.
»Die übernehmen sich alle«, sagt der Besitzer, »die haben keinen Überblick mehr.«
Es ist ein stilles Essen. Sie sind hungrig und müde und schaufeln selbstvergessen in sich hinein. Sie hat sich ihre Freude darüber, endlich aus dem Lehrlingsstatus herausgefahren zu sein, beeindruckender vorgestellt. Jetzt weiß sie nicht einmal mehr, ob sie es so richtig gemacht hat. Plötzlich hebt der Trainer das Glas und stößt mit ihr auf ihren Sieg an.
»Bravo, Böckin«, sagt er, und zum Besitzer, »schade, daß sie kein Mann ist. Sie ist riskant, aber fair

gefahren. Sie braucht jetzt mehr Gelegenheiten, um Erfahrung zu sammeln. Ich hoffe, man läßt sie.«

»An mir soll es nicht liegen«, der Besitzer prostet ihr ebenfalls zu, »mein Pferd kann sie fahren, sooft sie eine Chance damit hat.«

Sie bedankt sich, aber der dumpfe Geschmack bleibt. Ob sie die Mauer je durchbrechen wird können? Als erste?

»Warum gibt es eigentlich keine weiblichen Trainer?« Der Besitzer scheint sich diese Frage zum ersten Mal zu stellen. Der Trainer zuckt die Achseln. »In Rußland, in Amerika, ja sogar in Deutschland soll es welche geben, aber die werden engagiert. Hier braucht eine viel Geld, wenn sie sich selbständig machen will. Der Vertrauensvorschuß, den unsereiner bekommt, ist bei Frauen nicht üblich. Ich kenne auch keine, die das ernstlich angestrebt hätte.«

»Wollen Sie es denn?« Der Besitzer scheint sie in einem neuen Licht zu sehen.

»Lieber als als erste Frau in einer Raumstation leben.« Sie trinkt ihren Wein aus.

»Diese Chance ist ohnehin vorbei. Und ich fürchte, die war größer. Hier stellt niemand einen Trainer an, die müssen sich alle selber mit dem Geschäft fretten.« Der Besitzer klopft ihr auf die Schulter. »Aber vielleicht erben Sie ein paar Millionen.«

»Ach was«, sagt Lara, »da gewinnt eher ein Esel den Premio di lotteria, als daß unsereiner was gelingt. Erstens haben wir alle zu spät angefangen, und erben tun wir schon gar nichts.«

»Im Grunde wünsche ich es auch keiner«, murrt der Trainer. »Es könnte ein schöner Beruf sein, wenn man nichts mit Geld zu tun hätte. Wenn mich heute einer engagiert, sperre ich morgen meinen Laden zu. Aber da müßte man schon nach Amerika, nach Frankreich oder nach Italien.« Er schaut Lara spöttisch an. »Nur, ich bin zum Weggehen schon zu alt.«

Sie hat auch schon daran gedacht. Aber im Grunde will sie nicht fort, nicht mehr. Vor sieben Jahren hätte sie gehen wollen, aber dann ist der, mit dem sie gegangen wäre, allein davon.

Später, als sie bereits im Bett liegt – endlich eine frühe Nacht –, hört sie, wie der Trainer noch einmal wegfährt. Also gibt es doch eine neue Freundin. Arme Lara.

Es ist Freitag und Abendrennen, sie ist im Gestüt zurückgeblieben. Die erste anhaltende Hitze in diesem Jahr, doch in den Nächten kühlt es noch ab. Sie hat ihr Haar gewaschen und läßt es in der Nachmittagssonne trocknen. Sie sieht den Komondor gegen die Außenkoppeln hin verschwinden, dort gräbt er gelegentlich nach Maulwürfen. Werwolf ist mit Bodo mitgegangen. Als insgesamt acht Pferde von einem neuen Besitzer gekauft und in ein anderes Gestüt gebracht wurden, ist Bodo mitengagiert worden. Es hat ihm nichts ausgemacht, dieses Gestüt liegt näher zur Stadt.
Das Drakul war mit in ihrer Kammer, als sie sich das nasse Haar kämmte, da muß sie es wohl irrtümlich eingesperrt haben. Jetzt macht es sich gewiß auf ihrem Bett breit, aber sie ist zu bequem, zu müde, um noch einmal aufzustehen. Es ist Elses Liegestuhl, in dem sie liegt. Sie muß eingenickt sein. Von ferne hört sie das Drakul bellen. Ein Schatten fällt vor ihr auf den dünnen Streifen Grün, wo Haferkörner aufgegangen sind, die die Pferde von den Innenkoppeln aus nicht mehr erreichen.
»Nicht erschrecken«, hört sie eine Stimme sagen, dann wandert der Schatten, und ein Mann steht vor ihr, der die Hand nach ihrem offenen Haar ausgestreckt hält, aber dann doch nicht wagt, es anzurühren. Das Drakul bellt noch immer, und der Komondor bleibt verschwunden.
»Entschuldigen Sie«, sagt der Mann, »daß ich eindringe.« Er spricht mit slawischem Akzent. »Ich komme von drüben«, er deutet mit dem Arm in

Richtung Grenze, »und wohne jetzt bei Verwandten, auf dreiundvierzig.« Das ist der Hof mit den Pfauen und dem kinderlosen Paar. Sie versucht aufzustehen.

»Bitte nicht«, der Mann macht eine beschwichtigende Geste, »ich habe Sie geweckt.«

»Werden Sie hierbleiben?« Sie erfaßt langsam, was er sagt.

»Ich bin Agronom. Meine Verwandten haben mir eine Nachricht zukommen lassen. Da bin ich geflüchtet, über Ungarn und Jugoslawien.« Er lacht. »Ich habe keine Ausreise bekommen.« Er hat graue Augen und die Statur eines Reiters. Sein Haar ist kurz und schütter, und in der Hemdtasche steckt eine Pfeife, wie bei ihrem Bruder, dem Mediziner. Früher hatte ihr Bruder sie manchmal an seiner Pfeife ziehen lassen, später hat er ihr dann eine geschenkt. Sie muß sie irgendwann einmal verloren haben. Sie hält den Mann für Mitte dreißig. »Keine Ausreise, ach so.« Sie bildet sich ein, ihn irgendwo im Dorf schon gesehen zu haben.

»Viktor«, sagt er, »mein Name ist Viktor. Den Nachnamen brauchen Sie sich nicht zu merken, er spricht sich schwer aus.« Sie nickt. »Ihren kenne ich schon. Im Gasthaus wurde er erwähnt.«

Sie greift nach ihren Haaren, sie sind trocken. »Warum sind Sie gekommen?« Sie wirft ihr Haar mit einem Ruck seitlich nach vorn, um es wieder zu einem Zopf zu flechten.

»Nicht«, sagt er, »bitte, lassen Sie es offen, nur noch eine kleine Zeit.«

Wieder streckt er die Hand aus und läßt sie sinken. »Warum ich gekommen bin? Aus Neugier. Ich habe ein paar Jahre als Verwalter in einem staatlichen Gestüt gearbeitet, drüben.« Er deutet wieder in Richtung Grenze. »Ach so«, ihr fällt nichts anderes ein. Sie möchte, daß alles so bleibt. Dieser Mann vor ihr mit seinem Schatten. So als würde sich das alles, sobald sie sich erhebt, in Luft auflösen.
»Ich habe mir gedacht, ich könnte Klee anbauen nächstes Jahr. Wie ich höre, lassen Sie das Heu von weit her bringen. Und Stroh brauchen Sie auch. Die Bauern hier bauen ja nur mehr Rüben und Getreide an, doch ich bin gegen Monokulturen. Wenn meine Verwandten nichts dagegen haben, möchte ich mit Ihnen zusammenarbeiten.«
»Da müssen Sie mit dem Trainer reden, morgen vielleicht. Ich kann Ihnen dazu nichts sagen.«
Er hat seine Pfeife herausgenommen und klopft sie an den Handknöcheln aus, obwohl sie leer ist. »Ich weiß, ich bin auch nur so vorbeigekommen. Wenn ich wirklich hierbleibe, will ich auch wissen, wo ich bleibe.«
Ihr ist klar, daß sie jetzt irgend etwas sagen oder tun muß, wenn sie nicht will, daß er gleich wieder geht.
»Sie haben tatsächlich bei Pferden gearbeitet?« Er nickt. »Tatsächlich. Sie glauben, ich sage das nur, um Ihr Vertrauen zu gewinnen?«
»Und Ihre Frau?« Es ist ihr so herausgefahren, daß sie erschrickt.
»Hat den Trainer geheiratet.« Er lacht über ihr

fassungsloses Gesicht. »Den Trainer, der die Pferde für die Rennbahn aussuchte. Drüben.« Er deutet wieder in dieselbe Richtung. Sie ist verlegen und steht jetzt doch auf.

»Wollen Sie unsere Pferde sehen?«

»Natürlich will ich sie sehen. Ich kann Ihnen beim Füttern helfen.«

Sie gehen zusammen in den Stall. Das Drakul bellt wie wild, und sie öffnet die Tür ihrer Kammer. »Ruhig«, sagt sie, »ruhig«, als die kleine Hündin kläffend aus der Tür schießt.

»Ist das Ihr Hund?« Sie nickt, und er beugt sich nieder, um das Drakul zu streicheln, das sich das erst nach einigem Zögern gefallen läßt.

»Geht auch auf Ratten?« Woher weiß er das? »Auf Ratten, aber nicht auf Hasen.« Er lacht. »Guter Hund«, sagt er, »die kleinen sind die besten.« Das Drakul leckt ihm die Finger.

Sie geht voraus in die Futterküche. Er hilft ihr, soweit sie ihn läßt. An seinen Handgriffen merkt sie, daß er sich auskennt. Er erkundigt sich nach dem Zusatzfutter. Sie lacht. Er fährt mit dem nassen Finger in den weißen Staub, kostet.

»Doping?« Er schneidet eine Grimasse.

Sie schüttelt energisch den Kopf. »Den Pferden wird von Zeit zu Zeit Blut abgenommen. An der Zusammensetzung des Blutbildes läßt sich ablesen, was ihnen fehlt, Vitamine, Mineralstoffe, Spurenelemente.«

Er kostet nochmals. »Aufwendig. Wer bezahlt das?«

»Die Besitzer.«
In den Außenboxen läßt sie ihn füttern, steht daneben und schaut zu, wie er vorher den Barren säubert, bevor er den frischen Hafer einschüttet. »Da«, sagt er, »hat nicht ausgefressen.« Sie beugt sich vor, um nachzuschauen, wieviel zurückgeblieben ist. Die Box ist leer, das Pferd ist beim Rennen. »Manche Pferde wissen, wann sie starten. Es wird fressen, wenn es zurückkommt.«
Sie zeigt ihm den Schuppen. Er prüft, wie dicht das Stroh in die Ballen gepreßt ist. Die Sonne ist im Untergehen, und die Spreu leuchtet noch im Widerschein.
Im Stall will er dann das Heu sehen, sie haben es in eine der jetzt leeren Boxen geschichtet. Sie führt ihn hinein. Er schnuppert zuerst an dem Heu, dann an ihrem Haar. Er steht hinter ihr, sie spürt seine Hand an ihren Hüften. Die Wärme seiner Hand dringt durch den Stoff. So stehen sie eine Weile. Sie wendet sich um, die Hand bleibt an derselben Stelle, der Arm schlingt sich um ihren Rücken. Unendlich langsam kommt sein Gesicht auf das ihre zu. Sie spürt den Druck der Pfeife gegen ihre Brust, nimmt sie aus seiner Hemdtasche und läßt sie fallen. Zunge und Zähne, sie überläßt sich ihnen, fordernd. Ihr Leib preßt sich gegen sein Drängen. Sie beginnen sich zu drehen, wie in einem längst vergessenen Tanz, zu dem eine Figur gehört, die sie in die Knie zwingt, dann ganz zu Boden, sich weiterdrehend, bis die Bewegung einen anderen Rhythmus findet, Musik, die sie aus der Zeit hebt.

Und wieder spürt sie sein Gesicht so nah, sie möchte die Augen öffnen und es ansehen, so genau ansehen, daß sie es niemals mehr vergißt, aber sie kann nicht. Ihre Lider bleiben geschlossen, versiegelt vom Gewicht der Hingabe.

Es ist Nacht geworden. Die Pferde in ihren Boxen mahlen mit den Zähnen.

Der Komondor kommt durch ein Loch im lebenden Zaun gekrochen und bellt. »Ruhig«, sagt sie, »es ist nichts.« Sie streichelt ihm den verkrusteten Rücken.

Sie muß so fest geschlafen haben, daß sie die Rückkehr der Pferde überhört hat. Es ist früher als sonst, der Wecker hat noch nicht geläutet.

Die Sonne ist bereits aufgegangen. Nackt, wie sie ist, tritt sie vor den Spiegel. Kein Zeichen. Keine verschwollenen Lippen, keine Kratzspuren, keine Saugflecken. Wenn jemals Samen in ihr war, ist er versickert, oder ihr Körper hat ihn aufgesogen. Aber ihre Brüste, ihre Haut sind getränkt von Berührung.

Vom Boden steigt es kühl auf, sie legt sich wieder ins Bett. *Das dreimal gepflügte Feld.* Was will dieser Satz von ihr? Nach all der Zeit. Sie kann es sich nicht vorstellen, nur erinnern. Ein Traum? Ein langer, tiefer, überwältigender? Wie ist sie ins Bett gekommen? Sie greift nach ihrem Haar. Gewiß ist nur, daß sie es gewaschen hat.

Als Lara morgens nicht in den Stall kommt, sagt der Lehrling »nobody is perfect«. Auch sie muß grinsen. Wer hätte geglaubt, daß Lara verschlafen könnte. Die zuverlässige, die pedantische Lara, die behauptet, keinen Wecker zu brauchen, denn sie habe die Uhr eingebaut.
Der Lehrling und sie füttern auch Laras Pferde, das Gesicht, das sie machen wird, ist ihnen die Mühe wert. Als sie beim Frühstück sitzen, kommt der Trainer, er hat die Nacht in der Stadt verbracht. »Und Lara?« fragt er, als sie ihm eine Tasse Kaffee hinstellt. Sie und Philipp lachen, »noch in den Federn.«
Auch der Trainer lacht. »Sie wird doch nicht gelumpt haben.« »Sachen gibt's, die gibt's gar nicht.« Er schaut auf die Uhr. »Aus der Traum, wir müssen anfangen. Ist sie überhaupt da?« Der Trainer schickt sie nachschauen.
Laras Tür ist verschlossen. Sie klopft mehrmals, ruft laut, »Lara, es ist Zeit.« Nichts rührt sich. Sie schaut durchs Schlüsselloch, der Schlüssel steckt innen. Sie kann es nicht glauben. »Lara«, schreit sie, so laut sie kann, »mach doch auf.«
Der Trainer und der Lehrling haben sie schreien gehört und sind auch gekommen. »Ist etwas passiert?» fragt Philipp. Der Trainer rüttelt an der Tür. Nichts. Sie ist irritiert, Lara? Die trotzt bloß und läßt sie warten, um ihren ganzen Unmut an ihnen auszulassen. »Laß es gut sein, Lara, und mach endlich auf«, sie sagt es leise.
Der Trainer flucht vor sich hin, will nicht begreifen.

Er hat versucht, pünktlich zu sein, und es ist ihm sogar gelungen. Was soll jetzt der blöde Witz, er hat andere Sorgen. Er weiß ohnehin nicht, wo ihm der Kopf steht, das Gestüt ist wahrscheinlich doch nicht zu halten, Lara aber hat womöglich einen Kerl bei sich und geniert sich, aufzumachen.
Der Trainer lenkt ein. »Also gut, wir spannen ein, und Sie kommen in spätestens fünf Minuten nach.«
Sie gehen alle zum Stall. Auf halbem Weg meint Philipp: »Jetzt kann sie ihren Kerl rausschmeißen, ohne daß wir es sehen.« Sie holt das erste Pferd aus der Box und hängt es an die Ausbindzügel. Philipp bringt das Geschirr, und der Trainer geht durch die Boxen, um nach den Beinen der Pferde zu sehen. Als er zurückkommt, ist Lara noch nicht da.
»Jetzt reicht's«, sagt er zu ihr, »kommen Sie, wir gehen noch einmal nachschauen.« Philipp trottet hinter ihnen her.
Laras Tür ist noch immer verschlossen. Der Trainer schlägt mit der Hand dagegen. Keine Antwort. Er wird zusehends ungehalten. »Philipp, bring mir eine Eisenstange.« Der Lehrling steht verdattert da. Der Trainer brüllt ihn an. »Du sollst mir eine Eisenstange bringen.«
Ihr ist bang. Als der Lehrling mit der Eisenstange kommt, klopft der Trainer damit gegen die Tür. »Lara, machen Sie auf. Jeder Spaß hat ein Ende. Wenn Sie jetzt nicht aufmachen, breche ich die Tür ein.« Er weiß auch schon, daß Lara nicht öffnen wird. Er versucht, das Schloß herauszustemmen. Es dauert eine Weile, bis das Holz nachgibt.

»Bruchbude«, schimpft er vor sich hin. »Da glaubt man, das Dach fällt ein, aber wenn es schnell gehen soll, dann sperren sich die alten Bretter.«
Das erste, was sie sieht, ist das noch immer brennende Nachttischlämpchen. Die Vorhänge sind vorgezogen. Und neben der Lampe die Flasche, eine Whisky-Flasche – die Marke des Trainers –, leergetrunken. Der Trainer schaut zu ihr her, zögert einen Moment, als erwarte er, daß sie zuerst ans Bett geht. Sie steht da und rührt sich nicht. Aufseufzend macht der Trainer ein paar Schritte zum Bett hin. Nur Laras Haar ist zu sehen, sein Kupferschimmer wirkt in dem künstlichen Licht fast grün. Er streicht sich über die Stirn, bevor er die Decke zurückschiebt. Laras aufgedunsenes Gesicht fällt zur Seite, als der Trainer sie schüttelt.
»Lara«, sie haben es alle gleichzeitig gesagt. Der Trainer wendet sich an sie. »Rufen Sie den Gemeindearzt an.«
Sie muß die Nummer erst im Telefonbuch nachschlagen. Als sich die Frau des Arztes meldet, weiß sie nicht, was sie sagen soll. Erst jetzt fragt sie sich, ob Lara überhaupt noch lebt. Sie kann das Wort nicht über die Lippen bringen. »Ein Unfall«, sagt sie, »der Herr Doktor muß sofort kommen.« Die Frau des Arztes stellt ein paar Fragen, die sie immer nur mit »Lara« beantwortet. »Es ist Lara.« Die Frau des Arztes erklärt, ihr Mann müsse ohnehin irgendwo in der Nähe auf Visite sein, sie werde versuchen, ihn per Funk anzupiepsen. »Anpiepsen«, dieses Wort bleibt ihr in Erinnerung. »Und

einen Krankenwagen bestellen. Wahrscheinlich muß die Patientin sofort ins Spital.«
Als sie zurück in Laras Zimmer kommt, ist der Trainer noch immer damit beschäftigt, Lara aufzuwecken. Neben der Flasche liegen ein paar leere Arzneimittelpackungen, und in dem Trinkbecher ist ein weißer Bodensatz zurückgeblieben. »Sie ist ganz starr«, sagt der Trainer, »aber ich glaube, sie lebt noch.« Er hat sie abgedeckt, und sie sieht, daß Lara ein Seidennachthemd trägt mit Spitzenbesatz. Ihr Zimmer ist aufgeräumt, aber es gibt keinen Brief, zumindest kann man nirgendwo einen liegen sehen.
Lara soll es wirklich ernst gemeint haben? Sie kann es nicht glauben. Und keiner von ihnen hat etwas geahnt, hat auch nur in Erwägung gezogen, daß es zu so etwas kommen könnte. Endlich wagt sie es, sie anzufassen. Sie versucht, ihr den Puls zu fühlen. Sie spürt nichts, aber das Gelenk ist nicht so kalt, als wäre sie tot. In Laras Mundwinkel steht getrockneter Schaum.
Der Arzt und der Krankenwagen kommen gleichzeitig. Sie muß hinaus, die Hunde beruhigen.
»Meine Güte«, sagt der Arzt, »was sind denn das für Sachen.« Lara wird in den Krankenwagen getragen, nachdem der Arzt sie angeschaut hat. Dann gibt er dem Trainer die Telefonnummer, unter der er sich später nach Lara erkundigen kann.
Sie sitzen in der Halle, und Philipp schüttelt noch immer den Kopf. »Na so was«, sagt er ein ums andere Mal, »na so was.«

»Hör endlich auf.« Der Trainer ist in sich zusammengesackt und spielt mit seinem Vierfarbendrehblei. Sie kämpft die ganze Zeit gegen die Tränen. »Arme Lara«, sagt sie immer wieder.
»Jetzt fangen Sie auch noch an.« Der Trainer steht auf und holt die große Slibowitzflasche. »Wir trinken alle einen Schnaps, und dann wird eingespannt. Helfen können wir ihr sowieso nicht. Und wenn wir wieder zurück sind, rufe ich an.« Er schenkt drei Gläser voll, und sie trinken alle gleichzeitig. »Sie wird schon davonkommen«, sagt der Trainer, »eine wie die hat sieben Leben.«
Widerspruchslos gehen sie und Philipp mit in den Stall hinaus, was sollen sie jetzt auch anderes tun als einspannen. Sie fährt das Pferd, das Lara hätte fahren sollen, sie selber war erst für die zweite Tour eingetragen. Automatisch macht sie all die Handgriffe, die sonst Lara gemacht hätte. Auch Lara würde so handeln oder vielleicht doch nicht? Sie weiß nicht mehr, wie Lara wirklich ist, hat es nie gewußt, wie sich nun herausstellt. Und sie? Hätte sie *das* tun können? Sie kann es nicht sagen. Vorgestellt hat sie es sich schon manchmal, aber es wirklich tun? Wer kann das je von sich wissen?
Ohne ein Wort fahren sie hintereinander. Als sie auf der Bahn sind, fällt ihr ein, daß sie die Pferde nicht auf die Koppeln gelassen haben. Auch der Trainer hat nicht daran gedacht.
Später stehen sie alle ums Telefon, als der Trainer anruft. »Ja«, sagt er und noch einmal, »ja, danke. Gegen Abend rufe ich noch einmal an.«

»Ich hab gleich gewußt«, meint er, nachdem er aufgelegt hat, »daß sie durchkommt.« Lara soll in die psychiatrische Klinik überstellt werden.
Im Dorf haben bereits alle davon gehört. Während sie im Wirtshaus beim Essen sitzen, reden die Bauern ungeniert darüber. Endlich ist etwas passiert, was auf Tage für Unterhaltungsstoff sorgt. Einige wollen sogar wissen, welche Tabletten sie genommen und wo sie den Whisky gekauft hat.
»Warum eine junge Frau so was tut«, fragt sich der Gemeindesekretär laut und mit scheinheiligem Augenaufschlag.
»Warum wohl«, antwortet die Wirtin schnippisch, »bestimmt wegen irgend so einem Mannsbild«, und ihr Blick streift wie beiläufig den Trainer.

Da der Trainer nicht so schnell Ersatz für Lara finden kann, müssen sie und Philipp auch Laras Arbeit machen. Es heißt, sie sei zwar wieder bei Bewußtsein, aber vollkommen apathisch. Sie werde auf ungewisse Zeit in der Klinik bleiben müssen, sie sei insgesamt in einem schlechten Zustand. Sie fragt den Trainer, ob man Lara besuchen dürfe, obwohl sie weiß, daß sie gar nicht imstande ist, sie zu besuchen, bei der vielen Arbeit. Man kann den Lehrling nicht mit dem Gestüt allein lassen, es ist schwierig genug, die Pferde zu zweit aus den Koppeln zu holen. Der Trainer meint, er müsse ohnehin in die Stadt, er werde dann in der Klinik vorbeischauen. Als er anderntags wiederkommt, sagt er: »Sie hat mich als Grund angegeben.« Dabei schüttelt er ständig den Kopf. »Ich möchte wissen, was ich ihr getan habe.«
Es werden nur die Pferde gearbeitet, bei denen es unbedingt nötig ist. Der Trainer hilft auch, die Pferde in die Koppeln zu treiben. Er verspricht, daß er demnächst jemanden mitbringt, der zumindest stundenweise beim Ausmisten hilft. Sie ist abends so müde, daß sie in den Kleidern einschläft, aber es ist selbstverständlich, daß man die Tiere nicht einfach stehenlassen kann, schon gar nicht im eigenen Dreck. Nicht einmal Philipp beschwert sich. Er ist kräftig, und er weiß allmählich, was ein Pferd ist. Er trinkt auch schon mehrmals am Tag Kaffee und raucht beim Langsamfahren eine Zigarette. Zwei Pferde werden abgeholt. Sie sind aus Laras Stall, und im Augenblick ist sie froh. Das bedeutet zwei

Boxen weniger. Philipp hat angeblich im Schuppen eine Pfeife gefunden. Er hat sie in der Tasche seines Overalls stecken, und sie weiß nicht, wie sie ihn dazu bringen soll, sie ihr zu geben.
Diesmal bleibt der Trainer über Nacht. Sie sitzt noch mit ihm bei einem Doppelliter Wein in der Halle, während der Lehrling auf der Bank eingeschlafen ist. Er habe die Nase voll, sagt der Trainer. Er könne das Gestüt doch nicht halten, seine Schwester müsse ihren Anteil verkaufen, und er könne sie nicht auszahlen. Kredit kriege er keinen mehr, er nicht, dafür sein Schwager, der ihn im Casino verspiele. Ohne das Gestüt aber pfeife er auf das Ganze, er habe keine Lust, wieder wie ein Zwanzigjähriger, nur mit den paar Pferden, die er auf der Rennbahn unterbringe, zu arbeiten, er brauche die Reserven von den Koppeln.
Langsam trinken sie die Flasche leer. Wenn sie wirklich wolle, könne sie seinen Stall auf der Rennbahn übernehmen. Die Lizenz würde er ihr schon irgendwie verschaffen können. Sie habe den Beruf bei ihm von der Pike auf gelernt, so wie er ihn seinerzeit von seinem Lehrherrn erlernt habe. Die Gesichter würde er sich gern noch ansehen, die alle machen würden, wenn sie plötzlich der Trainer in seinem Stall wäre. Und so viele Pferde, daß sie ihr Auslangen finde, würde sie schon bekommen. Mehr habe sie ja jetzt auch nicht, es wäre zumindest eine Chance für sie, einmal ins Geschäft einzusteigen. Dieses Ei würde er seinen Kollegen, das heißt seinen Konkurrenten, schon noch legen wollen.

»Ein neuer Trainer, die Böckin!« Er lacht lang und herzlich darüber.
Sie spürt, daß er es nicht ernst meint. Nie noch hat sie von einem Trainer gehört, der seinen Stall aufgegeben hätte, solange er noch gehen und seine Hände gebrauchen kann. Und wenn, dann höchstens vorübergehend, aber sie sind alle zurückgekommen. Noch dazu er, der immer betont, daß er gar nichts anderes gelernt habe. Es freut sie, daß er sie zumindest in Erwägung zieht, aber sie sieht sich nicht als Lückenbüßer. Auch weiß sie nicht einmal mehr, ob sie es wirklich wollte, wenn er es ernst meinte. Sie ist sich ihrer selbst nicht mehr sicher, nur der Pferde. Sie will bei den Pferden bleiben. Vielleicht gibt es etwas Besseres als Trainer, ihr fällt nur nicht ein, was.
Der Trainer hat recht, sie hat diesen Beruf erlernt, und sie will ihn ausüben. Ihre Berufsbezeichnung ist Fahrer, aber in Wirklichkeit ist sie Pfleger und wird es auch bleiben. Für diese eine aller möglichen Welten hat sie alle anderen aufgegeben. Lara hat es nicht ausgehalten, aber sie wird es aushalten. Vielleicht. Und vielleicht wird sie wirklich einmal den Trainingsplan selber erstellen, zumindest für die Pferde, die sie im Rennen fährt, ohne das *Geschäft* zu übernehmen.
»Nein«, sagt sie zum Trainer, »ich möchte nicht.«
»Überlegen Sie es sich, Sie müssen sich nicht sofort entscheiden.« Sie ist nicht einmal sicher, ob er sich morgen noch daran erinnern wird.

»Wer braucht denn noch Pferde?« Der Trainer hat den Kopf aufgestützt. »Wir sind alle Narren. Es ist wie mit dem Zirkus. Keinerlei Notwendigkeit, und doch gibt es immer wieder Narren, die alles dafür riskieren. Wir machen den anderen etwas vor, und sie klatschen. Oder auch nicht. Und weil wir davon leben, daß sie klatschen, versuchen wir, sie immer wieder zum Klatschen zu bringen. Gleichzeitig wissen wir, daß unser Können, unser tatsächliches Können von den wenigsten erkannt wird. Nur wir können einander annähernd abschätzen. Wir fahren nicht nur gegeneinander, sondern auch füreinander. Wir, die wir noch wissen, was ein Pferd ist. Und, Böckin, prost! du bist auch so eine. Ich traue dir zu, daß du es weißt. Zu erkennen, wie ein Pferd in der Hand liegt, ist eine Frage der Zeit. Schon früher zu erkennen, was geschieht, heißt, die Zeit anders erleben. Ein Rennen dauert nicht länger als ein paar Minuten, und doch ist es eine Ewigkeit. Die Einmaligkeit des Verlaufs, die Fähigkeit, diesen Verlauf in allen Einzelheiten wahrzunehmen, das ist Können. Ein Boxer wie Cassius Clay war deswegen besser als die anderen, weil er ein anderes Gefühl für die Zeit hatte. Er konnte einen Schlag abfangen, weil er wußte, daß er kommen würde. Er hat ihn in seinem Entstehen gesehen, so wie man etwas sich langsam Ereignendes sieht. Nicht einfach voraussieht, aber sieht, wie es abläuft, in allen Einzelheiten, das ist es, was zählt. Ein Trapezkünstler, der im richtigen Moment das Trapez ausläßt, um vom anderen abgefangen zu werden, auch

er sieht den Verlauf. Die anderen sehen nur das Loslassen, aber sie sehen nicht, wann es geschehen muß.«
Jetzt weiß sie genau, was der Trainer damals an den drei Längen auszusetzen gehabt hat.
»Es ist etwas anderes, Artist zu sein, als einen Zirkus zu leiten. Vielleicht hast du recht, wenn du sagst, du möchtest nicht. Aber es gibt keinen anderen Weg.«
Sie haben beide einen schweren Gang, als sie die Halle verlassen. Zuvor weckt sie noch den Lehrling, und während sie ihn schüttelt, bringt sie unauffällig die Pfeife an sich. Als sie am nächsten Tage bei der Wirtin essen, erzählt einer von den Bauern etwas von einem Flüchtling, der abgeholt worden sei. Er habe keine Papiere gehabt, und seine Verwandtschaft mit den K.s habe sich nicht nachweisen lassen. Man hätte ihn einstweilen wohl in eines der Auffanglager gebracht, bis die Sache mit den Papieren und der Aufenthaltsgenehmigung geklärt sei.
»Kein schlechter Mann«, soll K. gesagt haben, und es sei schon möglich, daß er mit ihnen verwandt sei, wer hätte keine Verwandten drüben. Er würde ihn schon wieder nehmen, wenn er die Aufenthaltsgenehmigung bekomme.
Philipp hat die Pfeife zwar vermißt, ist aber nicht auf die Idee gekommen, sie von ihr zurückzufordern.
Sie hofft, daß es mit dem Gestüt noch so lange gutgeht, bis der Mann aus dem Auffanglager zu-

rück ist. Sie möchte sicher sein, daß sie nicht geträumt und die Pfeife ihres Bruders irgendwo im Stall verloren hat.

Barbara Frischmuth im Residenz Verlag

AMORALISCHE KINDERKLAPPER

KOPFTÄNZER
Roman

TRAUMGRENZE
Erzählungen

DIE FRAU IM MOND
Roman

DIE FERIENFAMILIE
Roman

BINDUNGEN
Erzählung

DIE MYSTIFIKATIONEN DER SOPHIE SILBER
Roman

KAI UND DIE LIEBE ZU DEN MODELLEN
Roman

AMY ODER DIE METAMORPHOSE
Roman

DIE KLOSTERSCHULE